U0073423

權變

通曉《孟子》成事法則，
駕馭不確定的世界

樊登 著

目錄

第一章 人生有岸，格局無涯

第二章

要成事，先修身

第三章

做人有道，做事有術

第四章 與人結交，用人所長

第五章
激發和釋放他人的善意

第六章

突破自我，跳出舒適圈

第七章

拒絕低效努力

然而孟子並不怕，甚至還有點囂張。在《孟子》開篇，他見到的人就是最愛打仗的魏惠王，因為魏國的國都在大梁，所以人們叫他梁惠王。梁惠王也不客氣，說：「老頭，你不遠千里而來，一定是給我們國家帶來好處的吧？」梁惠王習慣了法家和縱橫家的套路，認為孟子帶來的一定是各種表格戰略和戰爭建議。就像今天的一家大企業見到諮詢公司，首先就問：「如何提高我們的獲利率？怎麼獲得更大的市場占有率？」孟子說：「王何必曰利？」「動不動就說利潤，你俗不俗？我來跟你談談企業的價值觀吧！」孟子的大義凜然震懾住了梁惠王、齊宣王、滕文公這些大大小小的君主。雖然後來未必按照孟子的諮詢方案辦，但至少，諮詢費都結了。

目光短淺的人會說孟子不切實際。他說天下將「定於一」，這個「一」是一個不嗜殺的王者。但結果天下被最嗜殺的秦國統一了，打臉啊！但如果孟子還在，他會告訴你殘暴的強秦只是歷史上的一朵小浪花，因為法家的統治思想才是理想主義。他們把老百姓都當作傻子、懦夫、奴才。儒家把人當人。所以老百姓不會像墨子要求的那樣無私，也不會像楊朱說的那樣自私，更不會像法家設想的那樣懦弱。老百姓需要土地、糧食、衣帛和蛋白質，需要王者之師的保護，需要君子、大人的教誨。後來的人理解了孟子，他所說的比孔子更加清晰具體和堅定。所以最終中國走向了「儒法國家」的穩定結構，儒家的理想和法家的手段相結合，也算是某種程度上的中庸吧。

所以孟子的底氣首先來自他的自洽。他認同孔子的理念，並想通了自己的使命。「予豈好辯哉？予不得已也。」當他認識到自己的使命、願景、價值觀以後，剩下的就是心無旁騖地做事了。他拿著自己的商業計畫書四處遊說，參加各種學術和商務工作，與墨家、楊朱、縱橫家、法家展開辯論，擴大儒家的社會影響力；他培養學生發展隊伍，與貴族和王侯們交朋友，尋找讓儒家思想落地的機會；他說寓言、講故事，結合案例展開討論，把儒家的思想成體系地融入生活的方方面面。他做了自己能做的一切。所以在一貫論資排輩的中國傳統文化中，孟子能夠超越顏回、曾參成為亞聖，實在是實至名歸。可以說沒有孟子的大義凜然和中流砥柱的作用，儒家很可能淪為諸子百家中的普通一員。

孟子的另一個重要的底氣來源是他對於人性的堅信。這個世界到底是好人多還是壞人多？人性本來是善良的還是邪惡的？這些問題可能難以有確切的答案，但是你可以選擇自己相信什麼。荀子選擇相信「人之性惡，其善者偽也」，這個選擇冷靜而智慧，但缺乏光輝和力量。孟子相信「人性本善」，這個選擇可能讓他傷痕累累，但是大而有光輝！當你選擇像荀子一樣冷眼旁觀，也許會少受一些欺騙和背叛，但你的內在力量也在不斷損耗。為了一群骨子裡就壞的眾生，我們拚搏個什麼勁？而當你選擇像孟子一樣傻傻地對人性充滿期待，你的每一次努力都突然有了價值。即便是做錯了事的壞人，在你眼中也成了迷途的羔羊。這種前提才能夠帶來源源不斷的愛和力量。所以孟子說他善養浩然之氣，並非每天呼吸吐納練氣功，而是「集義而成」。

最後，孟子還有一股底氣來自對自己負責。他雖然每天奔走呼號地想要改變這個世界，但他唯一要有所交代的只是自己。「有不虞之譽，有求全之毀」，孟子對於來自社會的評價早已洞若觀火。你只需要做好自己，不斷地反省和改變。如果你自忖沒有問題了，那些依然向你不斷吠叫的就是禽獸了，跟一群禽獸你較什麼勁？如果你覺得你所做的事是道義所在，那麼，雖千萬人吾往矣！

讀《孟子》和讀《論語》的感受完全不同。孔子讓你讚嘆，一個人說話做事竟然能如此合適！孟子則給你力量，一個人可以不怕敵人、不怕強權、不怕失敗，甚至不怕犯錯！

今天的職場當中最熱門的話題，能反映出大家最大的困惑。比如：躺平還是內捲的問題，追求理想還是向現實妥協的問題，該創業還是守住這份工作的問題，等等。其實我們總是處在患得患失之間，孟子並不能替我們做出決定，但是讀《孟子》可以培養我們的浩然之氣，讓我們的人生境界上升一個層次。很多問題在原來的層次是無解的，但當你的人生產生了位移，從更高的高度上看，那些問題就不再是個問題。比如年輕人常問：為什麼我努力讀了書，但生活沒有變好？孟子就講了「杯水車薪」的故事。他說水能救火這是大家都知道的，但你用一杯水想去救一車正在燃燒的柴草肯定是不行的。我們的努力和精進有時候就是要等待擊穿閾值的那一刻。孟子就是這麼善於

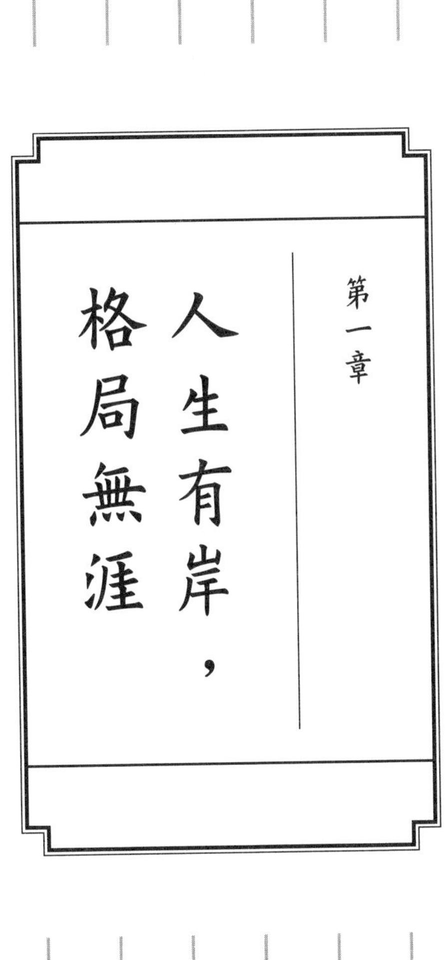

第一章 人生有岸，格局無涯

體有貴賤，有小大。無以小害大，無以賤害貴。養其小者為小人，養其大者為大人。

——《孟子．告子上》

把控局勢，才能把握機會

不知道你對圍棋是否有所涉獵？韓國有一位著名棋手李昌鎬，人稱石佛，大家又稱他少年姜太公。李昌鎬下棋最大的特點，就是全盤看似稀鬆平常，很少見他有「神之一手」般的點睛之筆，但就是那波瀾不驚的一手手行棋，讓他的對手越來越無所適從，越來越四面楚歌。接下來，李昌鎬會以他冠絕天下的收官能力，取得比賽的最終勝利。

李昌鎬的棋，重在把控局勢。很多優秀的棋手都是如此，很少會去計較個別棋子的微小得失。他們始終在整張棋盤之上布局，甚至會為了大局主動犧牲自己的一些棋子，從而掌控全局主動。這種真正掌控全局的能力就是「大局觀」。

人生如棋，棋如人生。我們平時做事也是如此。就拿經營人生來說，我們每個人都像是自己人生中的一顆棋子，每一次落子都決定著這盤棋局的走向。如果我們的視野不夠開闊，在任何事情上都喜歡斤斤計較，那必將會困於一隅，找不到更好的出路。

《孟子·告子上》中有這樣一句話：「體有貴賤，有小大。無以小害大，無以賤害貴。養其小者為小人，養其大者為大人。」意思是說，身體四肢有重要的，也有次要的，有小的，也有大的，不要因為小的而損害大的，不要因為次要的而損害重要的。比如說，你不能為了保護腳後跟的皮膚，而導致自己患上心臟病；腳後跟的皮膚沒那麼重要，心臟病卻是會要人命的，這是丟卒保帥。所以孟子說，一個人只關注自己身體的細枝末節，那是小人物；

只有關注到自己內心宏大的部分，才叫大人物。

這句話看似是在說，只要學會健康地保養自己的身體，那麼這個人就可以成為君子、成為大人物，但其中真正想表達的含義並非如此簡單。這句話真正想說的是，一個人如果想成為大人物、成為君子，是一定要有廣闊的大局觀的。

這讓我想起了一個以前特別喜歡的產品品牌——柯達。說起柯達公司，很多人都不陌生，甚至早些年大家出去拍照片，選擇的都是柯達膠捲。一九七五年，柯達公司製造出了世界上第一台數碼相機，這項發明使得柯達公司掌握了再次改變影像行業認知的巨大商業機會。但是企業的高層卻認為，這項技術在短時間內沒辦法賺取令公司滿意的利潤，還會讓已經遍布全球的膠捲產業受到劇烈衝擊，他們不想放棄已經深耕多年、擁有高利潤的膠捲業務。所以，為了不讓公司當時的主要盈利項目受到影響，這些高層最終決定放棄繼續研究和生產數碼相機的計畫。

柯達公司的這個決定讓它的競爭對手抓住了機會，索尼、富士等公司開始大力投資研發數碼技術，並以數碼相機業務迅速佔領了市場。當柯達發現問題的嚴重性、想要追趕時，卻發現對方的技術能力已經讓自己望塵莫及了，最後只能遺憾地退出數碼相機市場，再也難以翻身了。

你看，柯達公司原本在影像行業中掌握著主動，就因為管理高層目光短淺，沒有很好地把握機會，最終將本該屬於自己的巨大商機拱手讓人，失去了對局勢的把控，也失去了對未來市場的話語權，最終導致公司的衰敗與沒落。

在培養大局觀上，從歷史的角度出發進行閱讀和學習，是一種非常行之有效的方法。要知道，歷史，是真正的未來學。

我們常說，讀史可以明智，知古方能鑑今。閱讀每一個王朝的歷史，感受它們的興盛與衰敗，可以讓我們知道每一個王朝在不同時期所做的選擇，以及這些選擇是如何影響王朝的發展的。這些知識可以開闊大家的視野，讓我們能夠站在更高的位置上去了解和看待各種事情。

而學習歷史上古人的一些做法，就是要把站在全局把控局勢進行抉擇的能力具體到個人。每一位能在歷史長河中留下足跡的人都絕非泛泛之輩，他們依靠的不僅是運氣與機遇，更多的是他們的智慧，以及在全局把控上的能力。我們要做的，就是在閱讀這些人的事跡時將自身代入其中，思考一下為何他會在當時的情況下做出那樣的選擇？換作是我又會如何去做？從而感受這些歷史名人給我們帶來的戰略視野。當我們能夠將這些書中的知識進行消化與吸收，並嘗試著融入自己的工作和生活中時，就有可能成為一位真正優秀的人。

為人臣者懷仁義以事其君，為人子者懷仁義以事其父，為人弟者懷仁義以事其兄；是君臣、父子、兄弟去利，懷仁義以相接也。

——《孟子・告子下》

做事勿以「利」為根本

假如我問你：「你創業、經商，或者在職場上工作，最根本的目的是什麼？」

我相信很多人的回答都是：「為了獲利，為了賺錢。」

創業、經商、工作，為了賺錢無可厚非，但如果你把獲利、賺錢當成是做這一切的根本，只看到自己從中獲得的利益，而忽略其中更重要、更有價值的部分，那你的這份事業一定難以長久。

馮侖先生說過，人在經商時，心離錢越近，手就離錢越遠。一個商人如果一門心思地想掙快錢，想把一切趕緊變現，想獲得更多的利益，往往很難賺到錢。相反，如果一個人經商或創業的目的是解決社會上的某一個問題，是為了實現自己的理想，或者是想從中獲得樂趣、體現價值，他反而可以在不知不覺中獲利。

我在工作中會與很多人打交道、談合作，有的人真的是一上來就談利益：你跟我們合作很簡單，我們會給你提供什麼樣的平台，能讓你獲得什麼樣的好處，但你要為我們創造什麼樣的價值，否則就怎樣怎樣……每次聽到這樣的話，我心裡就很不舒服。這就特別像孟子所說的「言必曰利」。

孟子一直提倡仁義，反對利益為先。在《孟子．告子下》中記載了這樣一件事：孟子遇到了一個叫宋牼的名士，就問宋牼要去哪裡。宋牼告訴孟子，楚國和秦國要開戰了，自己打算去謁見楚王，說服楚王罷兵。如果楚王不聽，他再去說服秦王，總有一個能說通的。孟子又問，那你打算用什麼方法說服他們呢?宋牼說，自己就告訴他們出兵對戰的壞處，比如打仗會付出巨大的成本。

這時，孟子說：「先生之志則大矣，先生之號則不可。」意思是說，先生的志向很大，但你所用的方法卻不對。因為以「利」去說服楚王和秦王，他們一算賬，覺得划算，可能真會罷兵；士兵們因為「利」，也不願意打仗，這樣既能活命，還能勞作賺錢，國家還會給補貼，多好!算了，不打了!但這樣一來，就會出現一個危險的結果：「為人臣者懷利以事其君，為人子者懷利以事其父，為人弟者懷利以事其兄；是君臣、父子、兄弟終去仁義，懷利以相接也。」做臣子的，侍奉國君時，腦子裡想的都是利；做子女的，侍奉父母時，腦子裡想的也都是利；做兄弟的，侍奉哥哥時，腦子裡想的還是利。結果，就會令君臣、父子、兄弟之間全部以利相交。這樣的國家，最終沒有不滅亡的。

現在很多人可能不理解，為什麼古代談「利」會這麼危險。其中有個很重要的原因，就是當時是農業社會，社會中所有的利益都來自土地，但土地又很有限，如果人們做什麼都只強調利益，就會導致「上下交征利」，彼此爭奪私利，這樣的國家很容易走向滅亡。

這種情況直到工業革命到來，人類發明了蒸汽機之後，土地不再是最重要資源時，才逐漸緩解。這個時候，大家開始用機器生產各種東西，再把東西拿出來交換，大家一起把市場這個「蛋糕」做大，再談「利」，就不再是一個零和博弈了。這一點我們在講《技術與文明》這本書時就提到過。

在孟子看來，要說服楚王、秦王罷兵，應該以「仁義」的理由去說服才有意義。如果秦楚之王因為仁義而罷兵，那麼仁義的觀念就會傳遞給士兵，士兵也樂於以仁義而罷兵。這樣，「為人臣者懷仁義以事其君，為人子者懷仁義以事其父，為人弟者懷仁義以事其兄」，不管是君臣、父子、兄弟，都不再為了利益，而是為了仁義相接，國家才能獲得長久的發展。

如果我們把孟子關於「仁義」的主張放在今天，放在我們的工作和生活中，同樣具有很好的參考意義。當然會有人說，努力工作不就是為了利益嗎？不為利益，我每天辛辛苦苦的圖什麼呢？

但我認為，你如果這麼想就有些短視了。假如你事事都以「利」為前提，心中沒有仁義，必然會時刻想著怎樣打敗別人，讓自己勝出。時間長了，你就會形成慣性思維，一切以自我為中心，一旦獲得機會，就會拚命獲取最大利益，不給其他人任何機會。但是，這種不給他人留餘地的做法，反而會讓你時刻處於焦慮狀態。即使你勝出了，對方失敗而退出，你又怎麼能保證對方不會置於死地而後生呢？如果對方更加努力地提升自己，將來很可能會碾軋你，甚至直接替換你，讓你失去生存的空間。這種內捲到最後的結果往往都是兩敗俱傷，誰也佔不到便宜。

我之前在講完《批判性思維》這本書後，回到公司，就給員工們開會。我跟他們說，以後我們在與人合作時，不要總是維護我們自己公司的利益。大家一聽，都蒙了，說難道這樣做不對嗎？我們不應該維護自己公司的利益嗎？我就告訴他們，如果時時處處都維護自己公司的利益，就會失去批判性思維，失去競爭的公平性。你總是感覺自己替公司爭取更多的利益是好事，但長此以往，你跟其他平台的關係就會受到影響，別人會認為你借著自己是品牌公司，或者是總部公司，就故意欺負他們、打壓他們，以後誰還願意跟你合作？

實際上，不管是在職場上，還是在生活中，我們與人交往、交流時，都應該存有一定的仁愛之心，要想著自己是在與其他人一起做一些有意義的事，這些事情是為了實現雙贏，而不是為了獨佔利益，這才是我們工作和生活的意義與價值。我們不應該不停地跟別人爭奪、算賬。世界上沒有什麼是你完全靠爭奪得來的，也沒有完全能算得平的賬，你永遠都會有自己搞不定的地方。真正讓一個人不斷成長的，永遠都是仁義的力量。

是故賢君必恭儉禮下，取於民有制。

——《孟子．滕文公上》

你的認知決定你的能力

心理學上有個專業名詞，叫作「知識的詛咒」。這個詞來源於奇普．希思和丹．希思兄弟的一篇同名論文，它的意思是說，當一個人知道一件事之後，就無法想像自己不知道這件事時的狀態。

舉個例子，現在很多老年人不會使用智能手機中的某些功能，如果讓你給他們解釋，教他們使用，由於彼此間掌握的信息不對稱，你很難把自己知道的知識和信息完完全全地為對方解釋清楚。

再比如，重慶有一位大學教授、博士生導師，是教育部新世紀優秀人才，但他在輔導自己正上初二的女兒作業時，卻發現自己根本輔導不了。原因是他感覺很簡單的題目，在講給女兒聽後，女兒就是聽不懂。

在這些情況下，我們就會感覺自己被知識「詛咒」了，完全沒辦法順暢地把知識傳達給別人。

當生活中出現「知識的詛咒」現象時，大多數人都會認為這是別人的問題，是別人理解力不行、能力不行。但我要告訴你的是，在很多情況下，這還真不是別人的問題，而是你的問題，是你的認知層次不夠高，對自己的能力盲目自信，或者沒有學會換位思考，總是站在自己的角度考慮問題。我講了十幾年的課程，最深的體會就是：一個人能走多遠，真的取決於他的認知、見識和格局。

這種觀點在《孟子》一書中也多有體現，尤其是關於一個國家領導者的認知、能力、見識、德行等，孟子非常重視。

比如，孟子在與滕文公的對話中，就多次強調國君要以民事為主。民事就是農事，你搞好了農事，抓好農業生產，讓百姓有衣穿、有飯吃，百姓自然就會聽你的話，服從你的統治。相反，如果你沒管理好百姓的事，百姓的生活朝不保夕，他們就會作奸犯科，做錯事、做壞事。一旦犯了錯，你又用刑罰去處罰他們，那就太不應該了。

所以，孟子指出：「是故賢君必恭儉禮下，取於民有制。」意思是說，賢明仁德的君主必定謙恭自制，以禮對待臣僕和百姓，就算是向百姓徵稅，也要有一定的制度約束。你不能因為自己是國君就為所欲為，想徵多少稅就徵多少稅。如果國君用這種方式治國，那是不可能治好的。

這是孟子一向主張的為政之策，但我認為，它更適用於今天的自我管理。現實生活中有很多人，想讓別人幫自己辦事，卻又總是滿身官僚氣，對別人頤指氣使。別人在做事遇到問題時，他不但不協助解決，反而把責任都推到對方身上，認為對方做事不行、能力太差。這時就容易出現「知識的詛咒」現象，彼此溝通不暢，誰對誰都不滿意。

作為一國之君，要讓百姓服從管理，當然就要滿足百姓的生活所需，有衣服穿，有糧食吃，有房子住，讓百姓過上安穩的日子。作為一個普通人，想要讓別人幫我們辦事、為我們服務，或者接受我們的意見、方法等，同樣要適當考慮別人的需求。別人的需求是什麼?被尊重，有成就感，有價值感，能夠自我提升、自我實現，等等。如果你不懂這些，就會認為別人幫你辦事是天經地義的，或者你給對方點兒好處，對方就必須把事情給你辦好。遇到問題解決不了，那就是對方能力不行。這樣與人相處，我想沒有幾個人能接受。而實際上，很多問題恰恰就出在你自己身上，只不過你不自知而已。

如果大家參加過企業組織的培訓，就會發現一個問題：剛培訓完時，大家都很興奮，很有幹勁，工作中也都積極認真。領導們真是看在眼裡，喜在心上。可不出一個月，這股熱情過去後，大家就又恢復到原來的狀態了。

為什麼前後變化這麼大?一個重要原因就在於，工作從來不是個人的事，而是與公司的制度和領導者的能力緊密聯繫在一起的。公司制度不到位，領導認知能力差，布置任務不及時、不準確等，都會影響員工的工作熱情和積極性。從某種意義上來說，一個公司內員工工作不積極、執行力差，反映的恰恰是領導自身能力的不足。

所以，我在講課時經常會講，要想讓別人更願意幫你辦事，或者讓公司員工工作積極性高，領導首先要提升自己的認知能力，能夠根據他人或員工的能力、特點和需求等進行考量，讓每個人都能充分發揮自己的優勢。當員工遇到問題時，也要先從自身尋找原因，再與員工一起復盤，尋找其中的問題與不足，這樣才能不斷幫助員工增長能力，同時也能發現自身的不足。

我見過很多認知水平高的人，跟他們相處真的讓人舒適。你會發現，他們常常虛懷若谷、聞過則喜，深刻地知道自己的局限性，也深知自己擁有的知識只是滄海一粟，因此會對外界一直保持強烈的求知欲，樂於發現自己的缺點，並能不斷改正、完善。這樣的人，會讓你不知不覺地想要靠近，想要與他們共事。具有這種認知和格局的人，真的是想不成功都難！

入則無法家拂士，出則無敵國外患者，國恆亡。然後知生於憂患而死於安樂也。

——《孟子・告子下》

居安思危，才能防患於未然

如今，「居安思危」已經成了我們做事的一句名言。如果我們做一件事取得了成功，從此就躺在功勞簿上睡大覺，那麼醒來之時，恐怕就會發現自己已經跌落到深淵了。

這一點不難理解，世界發展太快了，我們稍微慢下腳步，就會被人超越。對個人來說，如果一個人在一個地方待久了，特別是在政府、事業單位待久了，內心就會覺得，反正我這輩子都會很穩定，也沒必要再去追求什麼了。但是，這種穩定是會「殺」死你的，人一輩子如果只圖穩定的話，那就是不進則退。只是很多人對於止步不前缺乏敏感，哪怕工作已經止步不前了，他還覺得挺好。單位又不會辭退我，不論外面的經濟環境如何，我每個月的工資還是照發，這不就是人生圓滿嘛！而實際上，沒有任何一份工作是不需要前進的，你不前進，後面就會有人超越你、替代你。

孟子早就說過：「入則無法家拂士，出則無敵國外患者，國恆亡。然後知生於憂患而死於安樂也。」對一個國家來說，如果國內沒有堅守法度的大臣和足以輔佐君王的賢士，在國外沒有與之匹敵的鄰國和來自外國的禍患，國家就會有覆滅的危險。所以孟子指出，「生於憂患而死於安樂」，有憂患意識，能夠防患於未然，才能生存；貪圖享樂，止步不前，就只能面臨死亡的命運了。

這讓我想到了《左傳》中的一個故事。

春秋時期，幾個大諸侯國聯合起來攻打鄭國，鄭國國君很害怕，急忙向晉國求救。晉國出面後，很快就幫鄭國化解了危機。鄭國國君為了表示對晉國的感激之情，就送了很多財物給晉國。

晉國國君晉悼公看到這些禮物後，很高興，就要分一些財物給大臣魏絳，並對魏絳說：「這幾年你為我們國家出了很多力，我很高興，現在就讓我們一起享受吧！」

而魏絳卻拒絕了，還勸晉悼公說：「我們的國家之所以一直很強大，首先是您領導有方，其次是同僚們能夠同心協力，我個人的貢獻不值一提。但是，您在享受安樂的時候，應該想到我們國家還有很多事情要做，您要居安思危，思則有備，有備無患。」

晉悼公聽了這番話，很是感動，從此對魏絳更加敬重了。

魏絳的這番話所表現出來的，就是一個人作為領導者該有的樣子。其實不光是領導者，即使是普通人，也必須時時刻刻保持危機感和憂患意識，對止步不前這件事要有所警惕。人無遠慮，必有近憂，你不能找到外在的一些壓力和危機，就無法給予自己前進的動力。

《史記》中也有這樣一個小故事。

孫叔敖當上楚國的令尹後，國內的官吏和百姓都紛紛前來祝賀。在這些人當中，有一位身穿麻布喪衣、戴著白色喪帽的老人，說自己前來弔喪。孫叔敖聽了，忙整理好衣冠出來迎接，並對老人說：「楚王不了解我缺少才能，才讓我擔任令尹這樣的高官。人們都來祝賀，唯有您來弔喪，莫不是有什麼話要指教我？」

老人點點頭，回答說：「我是有話要說。當了大官，對人驕傲，百姓就會離開他；職位高，又大權獨攬，國君就會厭惡他；俸祿優厚，卻不能滿足，禍患就會發生在他身上。」

孫叔敖聽了老人的話，忙向老人拜了拜，恭恭敬敬地說：「請老人家指教，我願意繼續聽取您的意見。」

老人接著說：「地位越高，態度越要謙虛；官職越大，處事就越要小心謹慎；俸祿已經很豐厚了，就不應該再索取額外的財物。你嚴格遵守這三條，就能把楚國治理好。」

在今天看來，老人對孫叔敖說的話，其實就是希望孫叔敖能夠居安思危，哪怕是當了大官，拿著高高的俸祿，做人做事也要謙虛謹慎，防患於未然，這樣才能越做越好。

在現實中，許多人一開始混得不錯，慢慢就越混越差了，為什麼？原因各不相同，但有一個共同因素，就是缺少危機意識。你只看到對自身發展的有利因素，忽視了潛在風險；或者只看到別人的不足，忽視了自己的弱點。安而忘危，缺少遠慮，對可能出現和即將到來的危機認識不足，準備也不充分，最後就不得不接受失敗的命運。

我們在講《反脆弱》那本書時就曾說過，假如我們平時不受任何一點外在刺激，就像生活在真空中一樣，我們的身體就沒有抵抗力，這時一點點病毒襲來，人就可能喪命。你如果看不到其中的危機和憂患，讓自己處於「真空」狀態，那麼稍微出現點兒問題、遇到點兒困難，可能就起不來了。所以也可以說，人沒有危機意識，就會隨時面臨「殺機」；居安思危，保持危機意識，防患於未然，才能迎來「生機」。

有布縷之征，粟米之征，力役之征。君子用其一，緩其二。用其二而民有殍，用其三而父子離。

——《孟子．盡心下》

找準定位，做自己最擅長的事

最近，我在網上看到這樣一個火爆的帖子，說「如果我沒有上大學，我就可以心安理得地當服務員了」，發布者是一個求職屢次受挫的大學生，由此引發了無數網友的熱議和共鳴。在競爭壓力日益增大的今天，許多年輕人離開校園後，突然不知道自己該何去何從了，甚至不知道自己該幹什麼、能幹什麼！

實際上，這個問題就是一個個人定位的問題。在當前這個不確定的時代，找準自己的位置，是我們需要面對的最大的人生課題之一。以我自己為例，現在很多人說起我，可能第一反應就是我是個「講書人」，其實我以前還在中央電視台當過主持人，還當過大學老師，甚至還做過餐飲生意，但真正讓我傾注熱愛並最終站在大家面前的，還是「講書人」這個身分。可見找準定位、找準賽道是多麼重要。

找準了自己的定位，再努力去做自己最擅長的事，直至做到極致。只是，生活中有很多人不這樣做，他們總是想要尋求多元化的發展，希望自己在各個領域都能發光發熱，做出成績，但我認為這是不可能的。我對多元化發展並不牴觸，如果一個人能有多個站得住腳的發展方式，那自然是件好事。但這裡有一點要搞清楚，那就是：你在做一件事情時，到底是把它當成一份事業，還是當成一樁買賣？你到底是在投資，還是在投機？現下，很多人對於多元化發展好像都過於狂熱了，其實根本沒有全面了解他所處行業的各類情況，就開始盲目涉足，結果導致四處碰壁。

比如說，現在很多做房地產企業的人，覺得要靠銷售項目換來巨大的現金流，於是迅速向多個不同領域擴張，搶佔市場，想快速擁有多項支柱業務，使自己的企業一躍成為遍布地產、娛樂、汽車、互聯網等各領域的大集團。

遺憾的是，很多人對這樣資本擴張、跑馬圈地式的發展思路卻展現出極大的熱情，甚至連前期調研都沒做，就在冒著巨大風險和存在諸多隱患的情況下，盲目地推進下去，其結果可想而知。

德國有一家建築巨頭，叫菲利普·霍爾茲曼建築公司，在過去一百多年的發展過程中，這家公司承接了大量項目，其中有很多是我們至今都耳熟能詳的知名工程，比如德國國會大廈、吉隆坡石油雙塔等。

二十世紀九〇年代初，菲利普·霍爾茲曼的管理層開始有點兒飄了，覺得德國房地產行業必將大有作為，於是盲目自信地邁出了多元化的步子。他們迅速進入這個與其主營業務關聯不大的產業領域，實施多元化戰略，將公司資源全部向房地產業務傾斜。然而好景不長，德國房地產行業持續呈現低迷狀態、徘徊不前，導致其無法實現盈利，菲利普・霍爾茲曼建築公司從此陷入了不可自拔的泥潭。

到二〇〇二年，這個曾經的建築巨擘已經累積巨額債務，最終無力回天，轟然倒塌。

很多人在自己長期鑽研的領域內，基於不斷積累的各種資源，通常都能如魚得水般自在。然而一旦找不準自己的定位，陷入膨脹而貪婪的慾望之中，衝動地把自己的精力投入各種不熟悉的行業，就如同把原來的資本優勢、資源優勢和資金優勢全部轉化為劣勢，想在新的領域中重新取得優勢是很難的。

關於多元化發展的問題，孟子早就提出過。孟子曾經說過這樣一句話：「有布縷之征，粟米之征，力役之征。君子用其一，緩其二。用其二而民有殍，用其三而父子離。」意思是說，國家在發展過程中，有征收布帛的賦稅，有征收糧食的賦稅，有征收人力的賦稅。君子會在三者之中選用一種，另外兩種不同時使用。如果同時使用了兩種，百姓就會餓死；如果同時使用了三種，那就是父親顧不了兒子，兒子顧不了父親了。這個時候，整個社會就會分崩離析，根本無法正常運轉。

放在我們個人身上，這個道理同樣適用。你選擇做自己最擅長的那件事，就能做到極致；你兩件事同時做，可能做得就都沒那麼好；你三四件事一起做，肯定哪件事都做不好。說到底，我們還是應該做自己最擅長的事，做與自身能力相匹配的事，不要輕易觸碰與自己主業方向不相關的業務。

我小時候特別喜歡「米老鼠」這個形象，「米老鼠」自一九二八年誕生後，為觀眾帶來了前所未有的歡笑。電影也彷彿與迪士尼渾然一體，自此，迪士尼公司從未脫離過影視業這一核心業務。

經過近百年的發展，如今迪士尼不但出品了《白雪公主》、《海底總動員》、《玩具總動員》等多部讓人喜愛的動畫影片，還拍攝了《神鬼奇航》等賣座的真人電影。而如今的迪士尼更是收購了漫威、二十世紀福克斯等公司，奠定了影業霸主的地位。

雖然迪士尼從未在其他領域中有什麼更大的作為，但它已然成為世界上首屈一指的超級巨無霸企業。

由此可見，找準自己的定位，用心耕耘自身的立命之本，才是我們不斷提升和發展的重中之重。而我們的立命之本就是我們所從事的核心業務。其實我們每一個人所從事的核心業務都有著極大的發展空間，多元化不一定非得從外面尋找，也可以從內部找機會。

以大事小者，樂天者也；以小事大者，畏天者也。樂天者保天下，畏天者保其國。

——《孟子．梁惠王下》

格局有多大，成就就有多大

我們經常會發現這樣一種現象：有些人在工作中，從基層被提拔到主管位置很快，也表現得很努力，執行能力強，任務完成得也不錯。但是，等他們升到中層後，儘管仍然很努力、很積極，可業績不但不再提升，反而出現持續下降的趨勢。

這是怎麼回事呢？

究其根源，我認為是這些人的格局不夠。在基層工作時，他們需要協調的工作比較單一，而升到中層崗位後，他們就變成了整個團隊的「大管家」，既要負責傳達好領導的指令，拆分整體目標，又要協調各部門的工作，考核績效，林林總總，不一而足。從這個角度來說，一個優秀的中層管理者不僅需要具備「面面俱到」的才能，更要有「宰相肚裡能撐船」的格局和境界。

但是，有些人升至中層崗位後，仍然像以前一樣，只看到眼前或局部的一點兒利益，對企業和上級的戰略意圖難以理解，或理解得不夠透徹，在思考和決策時也無法從大局或整體上把握事物發展的趨勢和規律，這就自然難以應付工作中紛繁複雜的各項事宜了。

關於格局，孟子早在幾千年前就曾經與齊宣王探討過。齊宣王問孟子，說我們怎麼才能更好地跟周圍這些國家打交道呢？孟子就給齊宣王舉了「湯事葛」和「文王事昆夷」的故事。

「湯事葛」講的是商湯和葛這個國家之間的關係。當時的商國和葛國都是夏朝的諸侯國，但葛國國君比較昏庸，不但經常給商國搗亂，還不肯祭祀，說自己什麼都沒有。商湯聽說後，就給他們送去了很多祭祀用的牲畜、糧食等，還派人替葛國種地，希望感化葛國。可葛伯根本不聽，還把商湯派去為種地的人送飯的給殺了。於是商湯興師滅了葛國，葛國老百姓紛紛拍手稱快，還加入了商國。

在「文王事昆夷」的故事中，昆夷是周朝旁邊的小國，當時的周朝已經發展得很強大了，但昆夷卻自不量力，橫挑強鄰，興師伐周。可周文王的做法就很有趣了，他並不出兵迎戰，而是關上門不理會他們，讓他們自己回去了。

孟子給齊宣王講這些，是想告訴齊宣王，只有聰明的人，才能以小國的身分侍奉大國，而不是自不量力，以卵擊石；只有仁者，像周文王那樣，才能講信修睦，不欺負小國。

那他們為什麼這樣做呢？

因為「以大事小者，樂天者也；以小事大者，畏天者也」。作為大國，能不恃強凌弱，這叫樂天知命。《易經》中說：「樂天知命，故不憂。」也就是順應天道安排。對周朝來說，天生養了我這樣的大國，也生養了昆夷那樣的小國，我不該為難它，這才是順從天意。作為小國，要認清自己的形勢，不以小謀大，盡其恭順之道。簡單來說，就是樂天者胸懷寬廣，能包容四海，足以「保天下」；畏天者具有敬畏之心，不給強敵以挑釁的機會，才能「保其國」。

在今天看來，我認為孟子的這段話對於我們個人的發展同樣具有重要意義，它其實是在提醒我們，一個人的格局決定了他的成就，也決定了他的做事風格。具有大格局、大胸懷的人，對上有敬畏之心，不輕易做出狂妄舉動，並且能從較高的維度看待問題；對下則有仁愛之心，不隨意為難下屬，而是懂得關心、尊重下屬，這樣才能贏得下屬的認同和追隨。

但是齊宣王這個人很搞笑，他聽完孟子的這番話後，可能覺得自己做不到，所以說：「你說得都對，可我不行呀，我這個人有病，就喜歡打仗。」意思是說，你想讓我用「仁政」跟周圍的大國和小國搞好關係，我做不到，我就喜歡逞強好勇，我就喜歡用拳頭說話。

孟子一聽，馬上回應道，大王喜歡打仗沒錯呀，周文王也是一怒安天下的，如果你也能「一怒而安天下之民，民唯恐王之不好勇也」，老百姓還唯恐你不好勇呢！

這句話仍然是在談人的胸懷和格局問題，如果你每天只盯著一個人、一件事，不能從整體上增強自己的能力，那只是「匹夫之勇，敵一人者也」，你也就只有戰勝一個人的能力了。但若能從大的格局看待問題，就像《詩經》中讚頌周文王那樣：「我王勃然生怒氣，整頓軍隊到前方，援救莒國擋敵人，增強周國的威望，酬答各國的向往。」[1]這才是作為帝王的「大勇」。

從表面看，孟子與齊宣王一直在討論如何治理天下，如何安天下之民，實際上講的都是君王的格局問題。你可以好勇，但好的「勇」應該是「大勇」而非「小勇」；如果你做任何事都只是從自己的角度出發，只看到自己的利益，那你再勇敢也是「小勇」；而如果你能為他人、為天下的發展考慮，那才是真正的「大勇」。就像金庸先生在《射鵰英雄傳》中講的，「俠之大者，為國為民」，你只有拋開一己之私利，才能成為一個真正有境界、有格局的人，也才有可能成就一番事業。

1 編註：《詩經·大雅·皇矣》中的原文是：「王赫斯怒，爰整其旅，以按徂旅。以篤於周祜，以對於天下。」

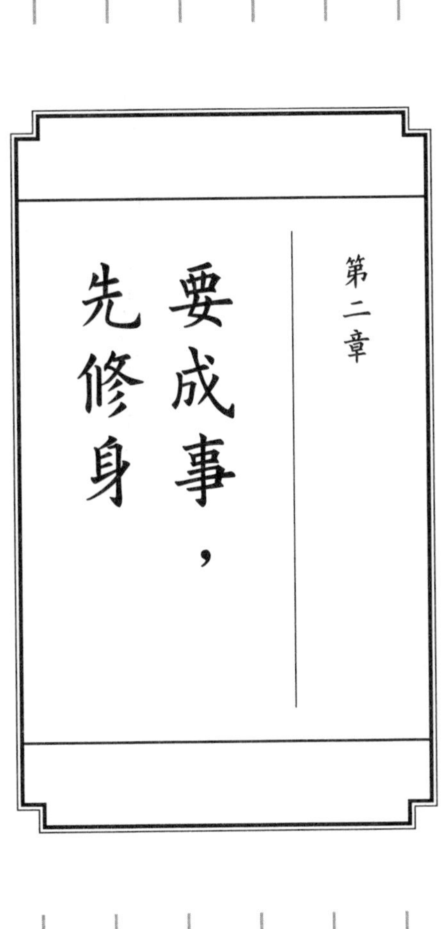

第二章

要成事，先修身

今惡死亡而樂不仁，是猶惡醉而強酒。

——《孟子．離婁上》

做好自我管理很重要

央視主持人撒貝寧曾在節目中說：「人生最大的壓力是什麼？就是管好自己。我後來才發現，人的一生中，最難做的一件事就是管理好自己。」

我身邊有許多優秀的人，我發現他們都很擅長自我管理，特別自律，用《孟子》中的一句話來說，就是「行有不得，反求諸己」。他們遇到問題時，很少會先去責備別人，而是從自己身上找原因、找方法。

很多人都應該聽過這樣一個小故事：

在美國西雅圖有一個著名的教堂，教堂裡有個牧師，牧師四處布道，引導人們積極向上。有一次，牧師對大家說，誰能背出《聖經》中的某個章節，就可以被邀請到西雅圖著名的空中餐廳參加聖誕晚宴。而牧師要求背出的章節有幾萬字之多，並且是《聖經》中最難的一部分。

很多人都躍躍欲試，但因為太難背，很快就都放棄了，只有一個十一歲的小男孩堅持到最後，並且完成了牧師的任務。

牧師驚訝地問小男孩：「你是怎麼做到的？」

小男孩告訴牧師，他一開始也很緊張，但後來他就把這種壓力轉化為一種動力，每天幾乎不吃不睡，就為了達成這個目標。

這個小男孩就是日後大名鼎鼎的比爾．蓋茲。

這就是自我管理的魅力所在。

我們當然不需要背那麼冗長的《聖經》，但做好自我管理同樣重要，正如英國著名管理學家帕瑞克所說，「除非你能管理自我，否則，你不能管理任何人或任何東西。」

早在幾千年前，孟子就已經明白這一點了。在《孟子．離婁上》中，孟子就指出：「暴其民甚，則身弒國亡；不甚，則身危國削。名之曰『幽厲』，雖孝子慈孫，百世不能改也。」意思是說，國君對老百姓太殘暴，就會導致身死國亡的危險；即使不是太過分，也會將自己置於險境，使國力被削弱。不僅如此，死後還會被冠以「幽」、「厲」這類糟糕的謚號，讓後世都知道你不是個好人。

「幽」這個謚號大家應該不陌生，「烽火戲諸侯」中的周幽王就是其中的代表人物。「幽」字代表的是壅阻不通，意思是這個人腦子糊塗，管不好自己，經常禍亂朝綱。「厲」這個謚號的代表人物是周幽王的爺爺周厲王，他就更糊塗了，經常濫殺無辜，甚至不允許大家討論國政，誰敢說就砍誰的腦袋，最後逼得老百姓沒辦法，想要交談時，就在馬路上互相交換眼神，由此也產生了一個成語叫「道路以目」。

孟子用這兩個例子來警示君王，不要像周幽王和周厲王那樣，否則就會出現「天子不仁，不保四海」的結果。同樣，諸侯、大夫以及普通百姓也不能掉以輕心，認為只要君王「仁」就行了，我們不需要「仁」，那也是不行的。否則，「諸侯不仁，不保社稷；卿大夫不仁，不保宗廟；士庶人不仁，不保四體」。

緊接著，孟子又說了一句特別精采的話：「今惡死亡而樂不仁，是猶惡醉而強酒。」意思是說，現在人都害怕死亡，但仍然不管不顧，喜歡做壞事。這就像一個人討厭喝醉酒，但是每次偏偏要喝醉一樣。

我讀到這句話時特別感慨，因為今天這樣的人太多了。比如喝酒這件事，我經常看到一些人喝酒把自己喝到醫院，我很不理解，為什麼要這樣傷害身體呢？結果他們說：「唉，為了工作，沒辦法呀！」「大家一起鬨，沒忍住，就喝多了。」「下次絕對不這麼喝了！」但一扭頭，又去喝了，而且很可能又喝得酩酊大醉。

孟子用史實說明了仁與不仁的結果，強調了君主、諸侯、卿、大夫、士、庶人如果不仁，就會給事業帶來致命的後果。這個後果是盡人皆知的，也是人們最不願意看到的，但奇怪的是，人們卻樂於幹著這些不仁的勾當。為什麼呢？

原因就在於自我管理能力太差。管理自己包括對自己生活、學習、工作、時間等的管理。一個人如果連自己的事都管理不好，就很容易被外界事物所干擾，以致計畫不能順利執行，目標達成不了，當一天和尚撞一天鐘，怎麼可能有所成就呢？

管理學中有個著名的「鍋蓋原則」，意思是管理者的管理能力有多大，成就就有多大，你的成就永遠不會超過你的管理能力。這個理論同樣適用於我們的自我管理，你把自己管理好，才有可能處理好在生活、工作、事業方面的問題。所以，管理大師彼得・杜拉克說：「卓有成效的管理者正在成為社會的一項極為重要的資源，能夠成為卓越的管理者已經成為個人獲取成功的主要標誌。而卓有成效的基礎就在於管理者的自我管理。」一個真正厲害的人，一定是一個善於自我管理的人，也一定能在思想和行動上成為自己的首席執行官。

居下位而不獲於上，民不可得而治也。獲於上有道：不信於友，弗獲於上矣。信於友有道：事親弗悅，弗信於友矣。

——《孟子．離婁上》

擁有至誠之心，人生才會越來越順

韓非子有一句話是這樣說的：「下君盡己之能，中君盡人之力，上君盡人之智。」意思是說，昏庸的君主只懂得用單個人的能力治國，普通君主會用眾人的力量治國，而賢明的君主則會用眾人的智力治國。

今天看來，這句話同樣可以作為我們為人處世時所堅守的原則。善於做事的人，總是能夠盡人之智、盡人之心、盡人之欲望。而要做到這些，就必須懂人性、識人心。尤其是在工作當中，不但要善於調動同事、下屬的工作熱情和積極性，還要能得到上級領導的支持和認可。否則，你的工作難以順利推進。

我在跟一些朋友聊天時，有人就跟我說，混職場很容易，只要平時多恭維恭維領導，跟領導說說好話、搞好關係，獲得領導的支持和信任，工作就很容易做。聽起來好像有幾分道理，但我卻不認同這種做法。

孟子曾經提到：「居下位而不獲於上，民不可得而治也。獲於上有道：不信於友，弗獲於上矣。」你在他人的領導之下，要想順利地工作，就必須得到上級領導的支持，否則，你就做不好自己的本職工作。但是要得到上級領導的支持，並不在於你會阿諛奉承，而在於你能夠贏得朋友的信任。

乍一看這句話有點兒摸不著頭腦，要和領導搞好關係，跟贏得朋友的信任有什麼關係呢？

孟子對此的解釋是：你跟領導離得遠，領導對你可能不太了解，但你平時跟朋友走得很近，你是什麼樣的人，你的朋友最清楚。如果你的朋友都信任你、讚揚你，願意跟你親近，那說明你這個人比較能幹，守信用，做事靠譜。領導發現了這一點後，才有可能信任你。

這一點很重要。很多高明的領導不是看下屬怎麼在自己面前表現，而是從側面觀察和了解自己的下屬。當他發現這個下屬的朋友都特別信任他時，他心裡就會對這個下屬產生好感，繼而慢慢對這個下屬建立信任感。

那要怎麼贏得朋友的信任呢？再向前推，孟子認為，這要看你是否有孝心，能不能侍奉好父母，讓父母高興。如果你對父母孝順，把父母照顧得好好的，那你做人也一定不會差。

而要孝順父母，讓父母開心，也有辦法，就是「反身以誠」，經常誠心誠意地反省自己。這樣，你就不會經常挑別人的毛病，不改正自己的問題。這就又應了孟子的那句話：「行有不得，反求諸己。」所以，孟子認為，誠是自然規律，追求誠是做人的基本原則。做人做事能夠做到「誠」，具有至誠之心，一切才會順暢。

有一次，我與出版社的一位策劃編輯討論秋山利輝所著的《匠人精神》這本書，他就想考考我，問我說：「樊老師，您說這本書的核心主題是什麼？」我就回答：「《中庸》裡講：君子貴誠，不誠無物。這本書中講的就是咱們中國人所謂的『誠』。」他說：「您說對了。」

還有一本叫《掃除道》，也是由海外引進版權的書。它講的是掃除的儀式感，以及通過外在世界的掃除來清理我們內在世界的垃圾和塵埃，在使外界變得整潔有序的同時，也讓我們的內心變得清潔有序。書中做掃除道的老先生，從來不要求別人怎麼做，而是自己每天在公司裡做掃除，一做就是六十年。開始時，員工都很不理解他的行為，但慢慢地都被帶動起來，自發地參與到打掃之中，掃除也成了這個公司的一種企業文化。更重要的是，大家通過打掃發現了很多好處，比如磨礪了心性，萌生了感恩之心，成了有心之人。

現在回顧這兩本書，我認為書中的兩位「主角」真的都是至誠之人。他們時刻都在思考自己的所作所為能不能當得起「誠」這個字，而「至誠而不動者，未之有也」，一個人做事做到至誠，就不會不令人感動，也不會不促使人行動。

所以，不管做什麼，我們都應該像孟子說的那樣，經常反求諸己，看看自己在工作和生活中所做的事能不能影響和改變周圍的人，能不能讓周圍的人受益。如果做不到足夠真誠，整天想著怎麼討好上級，怎麼佔同事便宜，那肯定也得不到別人的信任和好感。優秀的人一定會將自己至誠的態度和作風帶到工作和生活當中，用正能量去影響身邊的每一個人，用真誠的態度、大度的心胸打動身邊的每一個人。就像王陽明說的那樣：做人，養一顆至誠之心，內心會越來越強大，人生也會越來越順。

所就三，所去三。迎之致敬以有禮，言將行其言也，則就之……周之，亦可受也，免死而已矣。

——《孟子．告子下》

成事者要有足夠的耐心

因為工作關係，我經常會跟一些事業上比較成功的人接觸。我發現，決定一個人成功的因素，不是他們的學歷夠不夠高，或者是機遇夠不夠好，一個非常重要的因素，在於他們做事時是否有足夠的耐心。

我之前認識一位企業高管，他空降到一家大型公司做副總，當時這家公司的經營狀況很不好，管理方面也是一塌糊塗。他到那裡幾個月的時間，一直就在梳理和完善各種制度，時常感覺很無力。有一次，他跟我聊起這個狀況，說自己想離職，在這個公司做得比較吃力。我們認真溝通了一下，我發現他作為一個公司的管理者，在當前的工作中比較缺乏耐心，針對公司中的很多問題，總是希望一步到位地解決。我認為，這一點他做得不太理想。

不管我們做任何事，能夠一步到位的很少，必須一點一點地去攻克面臨的困難。而一個成功人士的成熟程度，很重要的標誌就在於他願意花多長的時間周期去計算得失。時間周期越短，就越急躁、冒進、焦慮；時間周期越長，就越從容、淡定。亞馬遜公司CEO貝佐斯在一九九七年時曾經給股東們寫了一封信，其中有這樣一句話：「一切都要圍繞長期價值展開。」你對自己越有信心，對現在就要越有耐心。

在《孟子》一書中，孟子的學生陳子曾經問自己的老師：「古代的君子，都是怎樣做官的？」

孟子一直不太喜歡做官，但他對做官這件事卻頗有見地。他認為，有三種情況可以當官，有三種情況必須離開。

第一種情況，就是國君能夠以禮相待，並且表示會實施你的主張，這時可以做官；但如果只是保持禮貌，每天對你客客氣氣的，卻不去實施你的主張，那就離開吧。

第二種情況，就是你剛任職時，國君沒有採納你的意見，但對你一直很禮貌，這時也可以繼續留任，因為以後可能還會有機會採納你的意見；但如果國君對你連禮貌都沒有了，說話也不客氣了，那就應該離開。

第三種情況，也是最不好的一種情況，就是你的日子朝不保夕，吃了上頓沒下頓，國君看到了，說：「哎呀，他說的那些事我沒法推行，他的建議我也不想聽，但讓他在我的土地上挨餓，這是我的恥辱呀！」於是趕緊派人給他送點糧食，讓他能夠度日，這種情況也可以接受，但你也僅限於混口飯吃，勉強生存而已。

在孟子看來，君子入仕有以上三種境界，最底層的境界就是活著就好，相當於馬斯洛需求層次理論當中生存需要的那個層次。解決了生存需要之後，再向上一層，才會受到尊重，這一層相當於馬斯洛理論中的尊重需要。再向上一層，不但自己會被國君以禮相待，自己的觀點還會被國君採納，抱負還可能會實現，算是馬斯洛理論中的最高層次——自我實現的層次了。

但我們也發現，最後一個層次對國君的要求是非常高的，同時對入仕的個人要求也是非常高的。這裡就容易出現一個誤解，很多人認為，自己要做一件事，那麼周圍的人都必須配合自己。如果周圍的人不支持，或者暫時沒有按照你的提議來實施某些策略，你就像孟子說的那樣，一生氣不幹了，這是不行的，也不是一個成熟的人該有的格局。

我之所以這樣說，是因為一個國家要推行某種政策，或者是一個人要成功地做一件事，都不是一個單一的問題，可能會關係到很多其他的客觀因素。比如，你想在公司裡推行一個戰略，首先要結合公司當前發展的實際情況，其次要結合公司中人員的實際情況，除此之外，還要考慮到市場狀況、社會大環境等客觀因素。並非某個戰略好，在其他公司效果明顯，就一定適合你所在的公司。而你要做的，是努力說服自己的上下級，大家齊心協力去解決這些問題，推動這個戰略慢慢實施，帶動公司的發展。如果身邊的人不同意、不支持，你立刻就撂挑子走人，那麼就算你再有雄才大略，也不可能發揮出來。

所以，我在把《孟子》這本書讀了幾遍之後，發現孟子的觀點有個很大的癥結，就是本質上不信任那些諸侯國的國君。一旦發現這些國君身上展現出他不滿意的地方，他就想離開，換一個國君繼續推行自己的理論。但實際上，一個人真正要做事業的話，還是應該有足夠的耐心。就像曾國藩能創建名震天下的湘軍一樣，他最大的一個優勢就是有耐心，即使遇到很多阻撓，他也能不斷重複那些複雜的事情，把那些複雜的困難一個個攻克，這樣的人才能成事。

天下溺，援之以道；嫂溺，援之以手。子欲手援天下乎？

——《孟子．離婁上》

通權達變的智慧

很多人都喜歡讀《三國演義》，如果讓你來評價一下裡面的曹操，你認為他是一個什麼樣的人？

不管是在中國歷史上，還是在《三國演義》這本書中，人們對曹操的評價都呈現出兩極化。有人認為他是「清平之奸賊，亂世之英雄」；《三國志》作者陳壽將他比美商鞅、韓信、白起等人物；《資治通鑑》中則認為曹操有「十勝」，分別為道、義、治、度、謀、德、仁、明、文、武。

我個人認為，《三國演義》中對曹操的評價是比較客觀的，就是「有權謀，多機變」，清晰地點明了曹操的主要特點，就是善於權謀、通權達變。尤其是通權達變這一點，在現在看來，也是一個人做事、成事必備的素質。

《三國演義》中有個很著名的案例：官渡大戰中，袁紹被曹操打敗，袁紹的數萬士兵被曹軍俘虜。在清理戰場時，曹操得到了一份機密文件，是自己營中的人與袁紹暗中勾結的書信。有人建議曹操把這些通敵分子都找出來，一一除掉，但曹操權衡一番之後，說道：「當時袁紹的勢力比我強大，我都不能自保，何況其他人呢！」說完，他就把這些書信全部燒掉了，也沒有去追究那些通敵分子。

真的是曹操不想清除掉這些對自己不忠的人嗎？我看未必。當時的大戰剛剛結束，軍隊內部還需要同心協力，鞏固自己的力量。如果此時曹操處罰了這些人，很可能會引起軍心浮動，導致大規模的叛逃。曹操肯定也看到了這一點，這才在權衡利弊後，選擇了寬容。

曹操的謀略，讓我們看到了一個成大事者的通權達變，或者叫適度的妥協。在一些人眼中，妥協似乎是軟弱和不堅定的表現，但其實這是一種非常務實的做事智慧。因為這種妥協並不是放棄原則，而是以退為進，目的是讓目標更容易實現。當目標方向清晰了，發現某條路走不通時，如果適當妥協一下，繞個彎就可能過去，這肯定比原地踏步好得多。

《孟子》當中就記載了一個很有意思的片段，說齊國稷下學宮裡有個名叫淳于髡的辯士。有一天，淳于髡問孟子說：「男女授受不親這件事，符合禮法規定嗎？」孟子給出了肯定回答。

淳于髡又問：「那如果嫂子掉到河裡，快要淹死了，你要不要伸手把她拉上來呢？」

這個問題聽起來就是個坑：既然男女授受不親，那你就不能觸摸女子的手，但你不去救人，嫂子就會被淹死，這時該怎麼辦？

但是，孟子的回答卻很具變通性，他說：「嫂子掉入水裡，不去拉她，就是豺狼的行為。男女授受不親，這是禮制；嫂子落水而伸手援救，這是一種通權達變。」面對有生命危險的人時，肯定要先救人，禮制必須先放在一邊，人要學會變通才行。

這時，淳于髡又順勢提了一個問題：「現在天下也溺在水裡了，先生為什麼不去救援呢？」淳于髡認為，孟子作為一個厲害的大儒，卻不願意做官，不願意伸手援救天下，這很說不過去，所以又挖了個坑讓孟子跳。

孟子這麼聰明的人，自然不會陷入淳于髡的圈套。他說：「天下溺，援之以道；嫂溺，援之以手。子欲手援天下乎？」天下溺水，要用王道去挽救；嫂子溺水，要用手去救。難道你想讓我用手去挽救天下嗎？

孟子反唇相譏，既讓淳于髡無話可說，也體現出了自己善於變通的處世智慧。孟子不是腐儒，而是既從心所欲又不逾矩。人活於世，本來就有可為、有可不為，面對不同的問題，應對策略也是不同的，這種機變與權變的做法被稱為「權變理論」。它的核心觀點就在於，一個人在做事時，必須根據環境、條件的變化做出最恰當的選擇和安排。換句話說，就是不能認死理、鑽牛角尖，而是要善於變通，能夠隨機應變，適應外界變化，不斷調整自己解決問題的方式，或者把自己放在一個適合的環境當中，否則，事情就可能陷入僵局。

美國康奈爾大學的一位教授曾經做過一個實驗：他把一些蜜蜂和蒼蠅一起放入一個平放著的玻璃瓶中，然後讓瓶底對向光亮處，瓶口對向暗處。結果發現，裡面的蜜蜂全都拚命地向著光亮處飛去，雖然屢次碰壁，也不知道轉換方向，最後都累死了；而那些四處亂竄的蒼蠅，竟然全都從瓶口飛出去了。

這個實驗就告訴我們：面對充滿不確定性的環境，有時光朝著一個既定方向努力也許恰恰是南轅北轍；只有隨機應變地尋找出路，必要時甚至突破規則，才有可能找到生機。

人生也是如此。我們所面臨的外部環境千變萬化，充滿了不確定性，經營人生應該像帶兵打仗一樣，既要面對客觀環境，也要考慮主觀條件，我們改變不了外部的客觀環境，如社會環境、趨勢變化等，那就只能從主觀上學會變通，根據外界變化不斷調整自己的策略，隨機應變地尋找新的發展機會。一個人如果學會了通權達變，以不變應萬變，也就掌握了經營自己人生的精髓。

盆成括仕於齊，孟子曰：「死矣，盆成括！」盆成括見殺，門人問曰：「夫子何以知其將見殺？」曰：「其為人也小有才，未聞君子之大道也，則足以殺其軀而已矣。」

——《孟子．盡心下》

時刻銘記「謙受益、滿招損」

對任何一個人來說，驕傲自負都是一種很危險的處世態度。沒有一個人可以做到一切選擇和決策都是正確的，尤其在一些重要的事情上做出錯誤選擇並落實時，你的生活可能就會受到不利的影響。所以，不管我們從前創造過多麼輝煌的成績，也仍然需要時刻保持謙遜的品德與清醒的頭腦，對別人提出的建議做出理性客觀的分析。

讀過《三國演義》的人對「諸葛亮揮淚斬馬謖」這段內容應該印象深刻。馬謖是荊州名士馬良的弟弟，自幼就以聰慧聞名鄉里，後來跟隨兄長一起追隨劉備，以善論軍計而著稱。他最有名的論計就是在諸葛亮出征南蠻之前的那句「攻城為下，攻心為上」，足見其見地非凡。

諸葛亮對馬謖也十分器重，認為他很有才學。第一次北伐魏國時，諸葛亮就將鎮守軍事重地街亭的任務交給了馬謖，並囑咐馬謖按照自己的安排守好街亭。但是，馬謖自視軍事才能優秀，私自違背了諸葛亮吩咐的作戰部署，放棄了近水源地，將部隊駐紮在了南山上，妄想仗恃南山的地理優勢居高臨下擊敗魏軍。馬謖的副將王平見狀，就勸諫馬謖應該聽從諸葛亮的安排，不要私自改變策略，可馬謖認為自己才是軍中統帥，拒絕了手下的幾次提議。結果，魏國名將張郃輕鬆地就阻斷了蜀軍部隊的取水要道，大敗馬謖，佔領了街亭，最終讓諸葛亮準備最為充分的第一次北伐落了個功敗垂成的下場，馬謖也被諸葛亮「揮淚」斬殺。

造成馬謖悲慘結局的原因，並不是他沒有才能，而是他過於自負，依仗著自己的才華而目空一切。

俗話說：謙受益，滿招損。這句話經常用於老師對學生的教導，為的是讓學生不要因為取得一時的成績而揚揚得意。在學生時代，如果有人因為一次考試的成功而驕傲自滿，那他下一次考試的成績很有可能會下降。但是這並不要緊，只要不是決定命運的關鍵考試，會有很多機會讓他慢慢體會其中的道理。可是我們進入社會後一切就都不同了，「滿招損」的這個「損」字，很可能會成為你根本無法承受的代價。

《孟子．盡心下》中記載了這樣一個故事：孟子門下有個學生，名叫盆成括，十分聰明。孟子曾說，如果盆成括能夠謙遜好學，將來很有可能會取得不凡的成就。但是，盆成括就是受不了研究學問時所要承受的寂寞與辛苦，認為憑借自己聰明的頭腦完全可以闖出一片天地，根本不需要苦學詩書。於是，他離開孟子，自己出去闖天下，不久還在齊國謀得了一個官職。消息傳到孟子那裡，正常來講，作為老師的孟子應該高興才是，畢竟弟子得到了一份不錯的工作。哪知孟子卻說：「盆成括要死了！」

果然沒過多久，盆成括被殺的消息就傳來了。門人都很詫異，問孟子：「您是怎麼知道盆成括將會被殺的？」孟子回答道：「其為人也小有才，未聞君子之大道也，則足以殺其軀而已矣。」意思是說，他這個人的確很聰慧，也小有才學，但是卻沒有學會君子應當具有的修為，這樣去做官肯定會招來殺身之禍的！

孟子能預測此事的原因，僅僅是這個弟子的修為不夠，可見，良好的修為對於一個人而言是多麼重要。

在我們的生活中，很多人都有自負自傲的傾向。他們或者像盆成括一樣，依仗自己有不錯的才學，或者依仗自己在公司中擁有較高的地位，或者依仗自己有不錯的家境、有錢有權的父母，慢慢變得傲嬌起來，做事只憑自己的想法，對別人的意見置若罔聞。我以前輔導過的一個學生就經歷過這種狀態，他可以算得上是青年才俊，具備非常出色的工作能力，但是他有一個很大的問題，就是總覺得別人做事不如自己好，考慮問題也不如自己周全，所以經常聽不進其他人的意見。後來他自己創業，成立了一家公司，公司決策也全憑他一個人，結果時間不長，就把公司搞得一團糟。後來他跟我聊起這段經歷，用一句話總結了自己失敗的原因。他說，他一直認為自己是公司犯錯概率最低的人，最終卻犯下了所有的錯誤。

實際上，歷史上很多名人大家早就參透了這個道理，比如我們熟知的漢高祖劉邦。

論軍事才能，劉邦與項羽相差甚遠，但他最後卻打敗了項羽，成為天下之主。其中一個重要原因，就在於他每次做決策前，都能夠虛心地聽取部下甚至民間人士的諫言，擇善而從。

比如在滅秦之戰中，各路諸侯原本約定先破秦入咸陽者為王，但劉邦先入咸陽後卻被封到了巴蜀。這讓他十分惱怒，想馬上率領軍隊與項羽決一死戰。可是當時的實際情況是楚強漢弱，與項羽硬碰硬無異於以卵擊石，所以樊噲、蕭何等人就紛紛勸解劉邦，讓他暫息怒火。蕭何更是勸諫劉邦以巴蜀之地作為根基，招納賢才、積蓄力量，然後攻佔雍、翟、塞三地，為奪取天下打好基礎，再與項羽一決生死。

劉邦見大家對此事都不看好，就真的克制住了自己的憤怒，並且還聽取了蕭何等人的提議，在漢中養精蓄銳，積蓄實力。最終，劉邦在垓下大勝項羽，取得了楚漢之爭的徹底勝利，建立了西漢政權。

在很多時候，地位越高的人，越應該加強自我約束，越要注意克制自己驕傲自滿的情緒，固執己見無異於坐井觀天。有時要做好一件事，並不完全需要聰明的頭腦、過人的工作能力、雷厲風行的手段，而是需要能虛心地聽取和接受別人意見的能力。記住一句話：我們是因為仰望山頂才一步步向上攀行的，到達山頂後，只有繼續仰望天空，才會發現自己的渺小。

君子之守，修其身而天下平。

——《孟子・盡心下》

常思己過，善修己身

在儒家看來，人生的理想軌跡就是「修身，齊家，治國，平天下」，修身被排在了第一位。從孔子到孟子，再到後世的各位儒學大師，都強調「欲正人先正己，欲論人先自論」。只有先培養起自己良好的修養，才能去影響別人；只有先提升自己，正視自己的問題，改正自己的過錯，才能給別人做一個好的表率。

說白了，修身就是要我們先管好自己，這也是做人的根本。如果一個人修身不到位，看不到自己的過錯和問題，那麼這不但會影響自身的成長和成就，還有可能影響到身邊的人，使身邊的人從習慣上、思維上、方法上逐漸同化。

明神宗萬歷皇帝有一位大名鼎鼎的老師，叫張居正，是個很有能力的人。萬歷皇帝從小就受到張居正的教育，教他如何為君、如何為人，而萬歷皇帝也很聽他的話。

萬歷十年，張居正病逝，由於他之前大搞改革，在朝廷上得罪了不少人，這些人見張居正去世了，便立刻以各種藉口給皇帝施加壓力，讓皇帝下令抄張居正的家。一抄張居正的家，萬歷心裡立刻涼了半截，因為他發現從小到大一直教自己如何勤儉治國、遵從聖賢之道的老師，自己家裡卻過著十分奢靡的生活。

這件事給萬歷皇帝造成了很大的打擊，讓他心灰意冷。到了執政後期，萬歷皇帝更是因為種種原因不再上朝，這種消極的理政方式又使社會矛盾不斷加劇。與此同時，北方的努爾哈赤也在明朝的縱容下悄然崛起，這一切都為明朝的滅亡埋下了伏筆。

像張居正一樣，自己沒有高尚的品行，就難以為人師表，給學生做好榜樣。同樣，一個人經常給別人講一套一套的大道理，自己卻根本不按要求去做，也一樣無法令人信服。

孟子曾說「君子之守，修其身而天下平」，說的就是一個君子最重要的操守。現在很多人做事做不好、不成功，問題往往就出在自己身上。所以，一個君子首先應該坦誠地面對自己，在要求他人的時候，要先要求自己做到某種程度，同時心中擁有更大的格局，能夠容納他人的錯誤，接納他人的不足，這時他才能贏得更多人的尊重和認可，做事也才會越來越順利。

為此，孟子還補充了一句：「人病舍其田而芸人之田，所求於人者重，而所以自任者輕。」這句話的意思是，人最大的毛病往往在於自己家的田地不管，卻跑到別人家的田裡去除草。你看現在很多人都是這樣，自己那攤子事沒搞好，很多重要的事還沒做，整天想著怎麼拯救他人，怎樣幫別人解決細節問題，到最後發現，自己最重要的那塊田還一直荒著呢！所以，孟子就覺得很奇怪，你為什麼總喜歡幫別人幹活呢？本來你自己的責任就很重，你卻把力氣用在別人身上，還覺得自己已經做得很好了，而實際上，這都是因為你對自己要求太低了。

這讓我想起了古代一副對聯：「以責人之心責己則寡過，以恕己之心恕人則全交。」就是說你跟別人交往的時候，要用責備別人的心來責備自己，這時你肯定會給自己挑出一大堆毛病；同時，你如果用寬恕自己的心來寬恕別人，你就會看到別人的很多優點，忽略他們的很多缺點，也能夠跟別人交往很長時間。

所以，孟子的本意就是希望我們多在自己身上用力，不要總想著去耕別人家的田。像堯、舜、湯武這些人天性仁義，他們每天不斷地修身，不斷地反思自己，為下面人做表率，才實現了後來的仁政。

儒家提倡的個人道德修養和立身治世的四步驟，即修身、齊家、治國、

賢者以其昭昭，使人昭昭；今以其昏昏，使人昭昭。

——《孟子．盡心下》

讓自己保持探索之心

過去有一句老話，叫作外行領導不了內行。這話看似有一定的道理，但是細想起來，你會發現，現在有不少優秀的人不一定是業績最好的，而業績好的人也未必就能領導他人，關鍵還是要看這個人是不是有魄力，有沒有探索之心。因為這個世界一直都在向前發展，故步自封，不思進取，總有一天會被淘汰。即使是一名經驗豐富的老師，如果每天在給學生講課以前，沒有進行系統的備課，對自己所要教授的內容不進行鞏固探索，那麼在家長眼中，這個老師的教學活動就是誤人子弟，在學生眼中，這個老師也會喪失威信與形象。

曾經有一個姓吳的語文老師，他在第一天與學生見面時，非常熱情地向學生介紹自己說：「我是你們的語文老師，我姓吳，口天吳，我今後要用我的『口』讓你們感受語文的天地。」

學生們聽了他這段新穎的自我介紹，瞬間對這位老師產生了好感，都期待著能向這位吳老師學到更多的東西。

但是，時間一長，同學們發現這位吳老師講課總是講錯，漸漸就失去了對他的尊重。究其原因，就是因為他總是「臨陣磨槍」，一直都在用自己從前的教案給學生授課。用其他老師的話講，就是課前不備課、課後不磨課，對學生突然產生的疑問沒有絲毫準備，因此導致他經常在學生面前出醜。

「要給人一碗水，自己先要有一桶水。」這就是今天經常用來形容教育者的話。教育者自己要先受到教育，擁有深厚的知識，然後才能去傳授知識，教導別人，否則你拿什麼來為人師表呢？

但是，這種現象在我們的生活中卻非常常見。我就經常見到一些人，自己明明不懂如何做銷售，卻堂而皇之地開課去教別人如何做銷售、如何提升業績。還有一些人，自己對科研一竅不通，卻去教別人怎麼做科研，你覺得這些合理嗎？如果一個不懂管理的人去管理一家大企業，一個不懂政治的人去管理一個國家，那就更糟糕了！

孟子曾經告誡我們：「賢者以其昭昭，使其昭昭；今以其昏昏，使其昭昭。」意思就是說，賢德的人，對於一件事情會先讓自己明白，然後再使別人明白；如果你自己對一些問題都沒有搞清楚，就想讓別人清楚，那顯然是不可能的。孟子的這句話其實就是《大學》當中講的「自明明德」，然後可以修身、齊家、治國、平天下。其中，修身就是自己「昭昭」，而齊家、治國、平天下則是「使人昭昭」。你自己不修身，不努力提升自己，只要求別人提升，那不就是「以其昏昏，使其昭昭」了嗎？

最典型的兩個故事，就是堯、舜和桀、紂的故事。堯、舜自己首先以身作則，孝敬師長，施行仁政，所以才贏得天下百姓的擁護，大家對堯、舜都心悅誠服，堯、舜也成為歷代帝王所尊崇和學習的聖明君主。相反，桀、紂自己荒淫無度，卻要求臣民順從恭敬自己，最後惹得百姓群起而攻之，自己也落得個亡國喪命的下場，顯然這就是「以其昏昏，使其昭昭」了。要是現在人還抱著這樣的態度去工作和生活，絕對死路一條。這個世界最可怕的事情就是永遠不下場工作，只站在旁觀者的角度去批評他人。雖然這樣做很容易，但卻是最不負責任的表現。

當然，不管在生活中，還是在職場上，大部分人還是能對自己不懂的事物進行學習和探索的，並且每個人在做事時也會經歷一個從「昏昏」到「昭昭」的過程，而這也讓我們自己的能力不斷得到提升，生活變得日益豐富起來。這是一種很好的現象。

遇到自己不會、不確定的知識時，願意不恥下問，就像《論語》中孔子和子貢的對話中說的那樣。子貢問孔子：「孔文子[2]何以謂之文也？」為什麼

2 編註：孔文子指衛國大夫孔圉。

要給孔文子一個「文」的謚號呢？孔子回答說：「敏而好學，不恥下問，是以謂之文也。」因為孔文子聰敏、勤勉而好學，不以向地位卑下的人請教為恥，所以給他的謚號就叫作「文」。

這也提醒我們，要做成一些事情，獲得一些成就，首先要有一顆探索之心，不斷學習和掌握更有利於自己成長的知識和經驗。堅持下去，總會有所收穫。但是，如果經常不懂裝懂，好為人師，那只能讓自己活在一個狹小的範圍內，坐井觀天，看著天空的一角，還以為自己看到的就是全世界呢！

堯舜，性之也；湯武，身之也；五霸，假之也。久假而不歸，惡知其非有也。

——《孟子．盡心上》

通過不斷學習提升自身能力

一個人是否具有傑出才能，外界普遍存在兩種說法：一種說法認為，能力是與生俱來的，有些人生來就是為了做大事，因為他身上具備其他人沒有的特質，是天生的領袖；另一種說法認為，人的能力可以通過後天培養出來，這需要漫長的過程和複雜的經歷，一個人需要在各種環境和條件下不斷地磨練自己的心智，增長自己的見識，感受不同的人性，進而不斷提升自己的各種能力。

對比兩種說法，古往今來的各種典故證明，後者更能站得住腳。比如，古馬其頓的亞歷山大大帝師從亞里斯多德，有聖賢的教導，才具備了卓越的見識；西漢開國皇帝劉邦，自己的能力不算突出，但他從善如流，虛心聽取別人的建議，才有那麼多能人志士相助；晉文公重耳為躲避災禍，在外流亡十九年，但始終謙虛好學，善於結交有才能的人，因此得以成就一番霸業……這些歷史上的偉人，無一不是通過後來的學習和感受，使自己的能力得到質的飛升，最後終於成為一國領袖的。

《孟子．盡心上》中寫了這樣一段話：「堯舜，性之也；湯武，身之也；五霸，假之也。久假而不歸，惡知其非有也。」意思是說，堯舜能夠施行仁義，是因為他們天生就是這樣的聖人。商湯和周武王雖然不是天生的聖人，但他們身體力行，修身以德治，慢慢便形成了仁義之道。而春秋五霸是假借仁義之名來完成他們的霸業，雖然這樣不對，可是他們如果能假借仁義之名行一輩子仁義，又怎麼能說他們沒有真的擁有仁義呢？

孟子的這段話也體現出一種觀點，即仁義和品德都可以通過後天的修行而獲得。同樣，作為仁德的衍生特質，我認為個人能力也可以通過修煉而獲得提升。

我在剛畢業進入中央電視台工作時，並沒有展現出所謂的工作能力。當然，我的工作性質也沒有讓我擁有展現個人能力的環境，就是一個平凡普通的打工仔，每天的工作內容也是簡單地背誦稿件，錄製節目。我後面所有的個人能力幾乎都是在閱讀圖書過程中獲得的。在閱讀各個領域的圖書時，我會將自身代入其中，從而獲取了豐富的關於個人能力提升的知識。這些知識不論是對我後期管理企業和員工，還是做樊登讀書，都展現出了強大的作用。

但是，很多人也發現，個人能力並不那麼容易提升，或者說自己明明用了很多力氣，提升仍舊不明顯，這是什麼原因呢？

我在講《能力陷阱》時就提到，很多人無法提升自己能力的主要原因，在於他們自己走入了一個設定好的能力陷阱。

你要知道，就能力而言，你是否具備一定的能力，比如領導力、合作力、社交力等，與你是否擅長領導別人、是否喜歡與人合作是不在一個層面的。一個人因為擅長某些事，進而更加樂於進一步深入鑽研，使自己的特長無限延長，這是好事。但是，這種習慣卻會令自己在其他領域產生惰性，讓自己沒辦法更好地吸收其他方面的知識，從而陷入能力陷阱之中。而在很多時候，我們是不能用以偏概全的態度為人處世的，就比如你經營一家公司，不但要精於主營業務，還要學會如何處理員工關係、如何提升公共關係維護效率、如何管理各種有形無形資產、如何妥善應對突發事件和危機公關等等。

當然，我們也不可能在所有領域都做到精通，但是一定要懂。拿經營公司來說，你需要懂得一個公司運轉所有層面的內容，清楚、全面地了解公司所處的現狀，據此做出合理的決策，引領公司走向正確的未來。這時，如何全面地提升自己在各方面的能力，就涉及一個學習的舒適區問題。也就是說，我們需要走出自己的舒適區，逼迫自己不斷去學習新的知識，豐富自我認知。

而其中一個有效的方法，就是去模仿各個領域內那些特別優秀的人，將自己代入他們的角色，然後在模仿中向他們學習各種做事之道。

比如，孟子曾提到過「春秋五霸」，他們所做的一切事情都是為了實現自己的霸業，因此所做的仁義之舉其實也只是一種圖謀霸業的手段。但是，他們在這種行動中慢慢地感受到了仁義帶來的力量，最終也讓自己一生都貫徹仁義之道。這就是「以行代知」，從而達到「知行合一」的目的。

因此，我們在為人處世過程中，堅持學習他人優秀的做事方式，當行動累積到一定程度後，自然就能讓自己的認知和能力提升到更高的維度，從而做到知行合一，讓自己在擅長的領域大展宏圖。

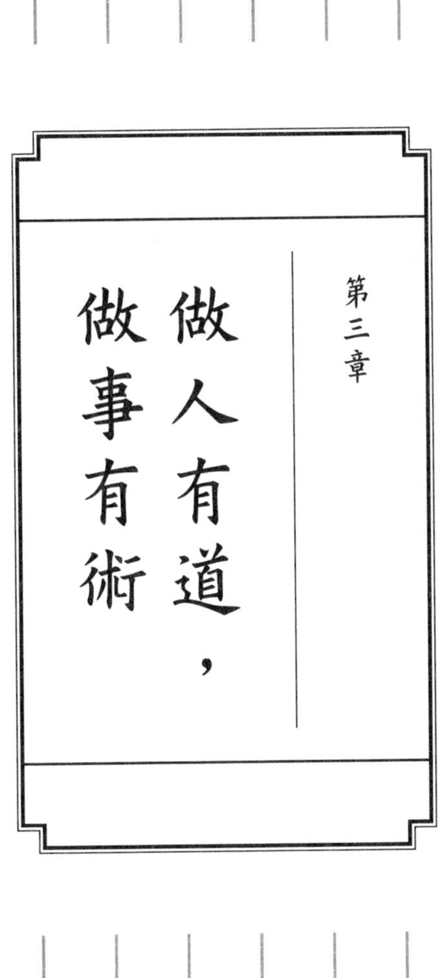

第三章 做人有道，做事有術

以佚道使民，雖勞不怨；以生道殺民，雖死不怨殺者。
——《孟子・盡心上》

「菩薩心腸」和「金剛手段」

我在書中看到這樣一個小故事：

曾國藩為政期間，經常要外出帶兵打仗，但由於他自幼學的就是一些儒家仁愛的觀點和主張，所以每次上戰場殺敵，凱旋後，都會陷入深深的自責，覺得自己殺人傷人太多了，很不好。

他的一位朋友知道這件事後，就送給他一副對聯，寫的是：「用霹靂手段，顯菩薩心腸。」曾國藩看到後，很是感慨，自此就把這句話當成了自己的座右銘。

這副對聯其實是說，我們對人對事要分清主次。做人，肯定要慈悲為懷，要有菩薩心腸；但做事的時候，就需要使用一些鐵腕手段、霹靂手段。善於做人做事的人，就算是實施一些鐵腕手段，也能得到別人的理解和支持。

這一點不管是在古代，還是在今天，都體現得十分明顯。比如古代的一些國家之間發生戰爭時，如果出現打不過敵國的情況，守城的頭領就會動員城裡的百姓一起拿起刀槍棍棒，抵禦外敵。雖然明知道這樣會讓很多百姓犧牲，也必須這樣做。而老百姓明知道前線危險，甚至會因此失去生命，也會毫不猶豫地衝上去。因為大家知道，這都是為了自己和家人的安全，為了能過上安穩的日子，即使自己在戰爭中受傷了、犧牲了，也是值得的，不會去埋怨那個讓他們上戰場的人。

如果大家看過關於王陽明的故事，應該會了解到王陽明平叛的時候殺了很多人，但史書並沒有將他寫成是嗜殺者，因為他殺人的目的是保全更多的百姓，保一方安寧。他雖然在平叛時採用的是金剛、鐵血手段，但對百姓卻是仁慈的。

孟子曾說：「以佚道使民，雖勞不怨；以生道殺民，雖死不怨殺者。」為了讓百姓生活安逸而驅使百姓從事勞役，百姓即使勞累，也不會怨恨；為了百姓的生命安全而去殺那些不得不殺的人，被殺的人雖死也不會怨恨殺他的人。這一點放在現在同樣說得通。比如我們今天要創業，如果發現一起創業的人不適合這份事業，為了整個團隊的發展，可能需要解僱他，這就相當於古代人說我要動手殺人了。那麼怎樣解僱這個人，才不會讓他怨恨你呢？

我在《可複製的領導力》中曾提到，我們在創業時，要把公司當成一支球隊，而不是一個家。因為你把公司當成一個家，並且經常跟團隊伙伴說「我們都是一家人」的話，那麼作為家庭的一分子，被解僱時就會難以接受：原來你會為了公司的利益、前途而隨便放棄「家人」呀！所以，當你對跟你一起創業的人說「我們是一家人」的時候，就相當於向對方做出了承諾，自己在任何時候都不會放棄對方，但這恰恰是創業時無法做到的。

相反，如果我們把公司當成一支球隊，球隊的目標是什麼？是贏球。大家聚在一起也是為了進步，為了讓團隊更加優秀，贏得最終的勝利。如果團隊中某個成員與整個團隊的努力方向不一致，就會增加團隊的內耗，你本來每天應該想著如何讓團隊變得更好、發展更快，現在卻要每天想著怎麼去調和內部矛盾，這就容易錯失很多寶貴的發展機會。為了大家共同的目標，你就需要採取點「金剛手段」，對團隊成員做一些調整也是完全正常的。以這樣的方式去解僱人，就能比較好地顧及被解僱者的面子，不至於招致對方的怨恨。

日本經營之神稻盛和夫在《心與活法》中引用了王陽明的一句話：「小善是大惡，大善似無情。」稻盛和夫指出，只懂得仁愛謙讓的經營者，無法真正地經營好企業；而僅僅有嚴厲的態度，也不會有人追隨；只有將兩者融為一體，才能成為一個真正的經營者。

經營人生也是如此。如果你在別人眼中一直都是菩薩心腸，做事也是菩薩手段，為了讓周圍的人擁護自己，平時對大家都是有求必應，放任自流。一旦遇到困難，不能再為別人提供幫助時，有的人可能就會說：「明明平時那麼好的人，怎麼一下子變成這樣了？原來以前都是裝出來的呀！」即使平時跟你關係比較好的人，從此可能對你也不會再有好印象了。

但是，如果我們平時能幫助別人時，就盡己所能地幫助別人；如果不能幫助，就坦然、直接地拒絕對方，讓對方尋找其他的出路。這樣看起來很無情，其實恰恰是為了自己好，也為了大家好。這才是「大善」。

所以你看，不管是古代的孟子告誡國君如何管理國家，還是今天的稻盛和夫告誡企業管理者如何管理員工，抑或我們如何管理自己的人生，其底層觀點都是相通的。在考慮問題時要有菩薩心腸，在解決問題時就要使用金剛手段。遇到困難時，也不要含含糊糊，必須採用乾脆有效的策略去解決。但在考慮問題時，就要盡量照顧到方方面面的訴求，不要圖一時痛快，留下難以彌補的後患。

以力服人者，非心服也，力不贍也；以德服人者，中心悅而誠服也。

——《孟子・公孫丑上》

做事要以德服人

我們在生活中可能都聽過這樣的話，甚至自己也說過，就是：「憑他的德行，還能做出這種事？」

這句話就引出一個問題：做事與一個人的德行有關嗎？

要弄清這個問題，我先給大家講個小故事。

清朝末期，有個商人在做生意時遭遇失敗，損失慘重，急需大筆資金用於周轉。由於所需資金數額巨大，放眼當時的天下，可能只有胡雪巖的阜康錢莊才有能力籌集。

於是，這個商人就找到阜康錢莊的主人胡雪巖，說明自己的來意，並主動開出低價，請求胡雪巖收購自己的產業，幫自己渡過難關。胡雪巖聽完商人的話，立刻安排手下人去調查商人的話是否屬實。得到確切的匯報後，胡雪巖二話沒說，直接按照市場價收購了商人的產業。

商人十分驚喜，同時心中也暗暗疑惑：為什麼有這樣的大便宜，胡雪巖卻不佔呢？

胡雪巖看出了商人的疑惑，就告訴商人說：「你放心，我現在只是幫你代管一下這些產業，等你挺過這一關，隨時都能來贖回你的東西。」

在胡雪巖的幫助下，商人很快克服了困難，最終還成了胡雪巖忠實的合作伙伴。

你看，一個人要想把事情做好，首先要把人做好。你的人品好、德行好，才能贏得別人的信任；別人信任你，才願意尊重你、幫助你。

孟子在他的著作中曾多次論述德行對治理國家的重要性。他說：「以力服人者，非心服也，力不贍也；以德服人者，中心悅而誠服也。」你用武力去征服別人，別人並不會真心服從你，只不過他現在力量不夠罷了；只有用德行讓人歸服，他才會心悅誠服。這個觀點引申到現代生活中同樣適用。一個品行不端、德行不佳的人，很難讓周圍人信服他、尊敬他，也很難與人建立長期的良好關係。相反，品行高尚、胸懷寬廣的人，不但會受到周圍人的喜歡和信任，其身上表現出來的個人魅力還會對有德有才之人產生磁石般的吸引力，繼而形成人才聚集的窪地效應。

我們在看《三國演義》時，經常說劉備的天下是哭來的，其實應該說，劉備的天下是用他的德行贏來的。劉備出身貧賤，從最初的一無所有到最後稱霸一方，離不開他的廣結人心。他跟關羽、張飛桃園三結義，此後幾十年始終相互扶持、肝膽相照。

曹操在攻打荊州時，劉備打不過曹操，只好撤退。在撤退途中，有幾萬百姓甘願拖家帶口追隨劉備。身旁人覺得這樣撤退太慢了，耽誤事兒，都勸劉備丟下百姓。劉備卻說：「夫濟大事者以人為本，今人歸吾，吾何忍棄去！」這一舉動為劉備贏得了無數人心。

如果大家看過《方世玉》這部電影，對裡面的反面人物雷老虎應該還有印象。雷老虎的經典台詞就是「我都是以德服人」，給觀眾留下了深刻印象。但這個「以德服人」不能光說說而已，你要做出來才行。如果嘴裡天天說「以德服人」，卻不懂得尊重別人，對別人的意見、觀點不理會、不尊重，什麼事都想自己做主，一意孤行，試想一下，這樣的人怎麼能贏得他人的信服呢？

當然，德行不是作秀，也不是讓人屈服，就像印度那句諺語一樣：「你可以把牛牽到河邊，但你沒辦法讓牛喝水。」用強硬的手段是解決不了根本問題的。想要讓人喜歡你、信任你、追隨你，最終還是要靠德行說話。就像孔子的七十二個弟子一樣，他們就是因為佩服孔子的德行，才會心悅誠服地跟隨他。

我在講課過程中，經常會提到一個詞，就是修行。修行到底要修什麼？

修的就是德行。在修行過程中，我們要不斷審視自己、鞭撻自己、歷練自己，從而改變自己，達到一定的人生境界。

我在講《匠人精神》時，曾詳細講過這本書的作者——日本木工業傳奇人物秋山利輝。他創立了「秋山木工」這個品牌，專門為日本宮內廳、迎賓館、國會議事堂等定製家具。但他在經營自己的企業時，最強調的就是「先德行，後技能」、「己成，則物成」的大道。他還創立了一套自己的人才育成法則——匠人須知三十條，但其實這三十條須知只闡釋了兩個字：做人。

所以，秋山利輝在帶徒弟過程中，60％的時間都在教他們做人，只有40％的時間是在教技術。正是這60％的做人，決定了一個人能否成為一名真正的工匠。他說：「真正頂尖的人、大師級的人，都是『德』在前面。技術容易超越，但精神卻無法被模仿。有了德行和精神，才能走得很遠很高。」

我們在經營人生的過程中，也應該像秋山利輝一樣，把德行當成人生的信條；或者像《詩經》中說的那樣：「自西自東，自南自北，無思不服。」從西到東，從南到北，沒有不佩服你的德行的。做到這些，你的大事也就成了。

> 徒善不足以為政，徒法不能以自行。
>
> ——《孟子・離婁上》

有善心，也要講方法

前段時間我跟一個朋友一起吃飯，他說公司裡的部門經理離職了，老闆有意讓他來擔任部門經理，問他有沒有什麼意見。

他跟我說，他很糾結，雖然很想挑戰一下自己，但之前從來沒有帶過團隊，萬一自己帶不好，影響工作不說，還可能影響與同事、領導之間的關係。最後搞得同事也得罪了，工作也沒有了，得不償失。

我對這位朋友的顧慮很理解，尤其是之前沒做過管理的「小白」，遇到這種升遷機會會特別茫然。而且我對這位朋友的性格也很了解，他的工作能力很強，但有一點，人太善良，太好說話，不懂拒絕，做領導的話可能需要磨練一段時間。

可能有人不理解：難道善良也是錯？難道只有惡人才能做領導？

善良當然不是錯，羅素就曾經說：「在一切道德品質中，善良的本性是世界上最需要的。」而且善良的人也完全可以做領導，還能做個好領導。但是，這裡有個前提，就是你一定要讓自己的善良有底線、有原則。而且在與別人打交道時，一定要讓對方知道你的底線和原則，這樣既不會傷害別人，也不會讓自己受傷。在與人相處過程中，你可以和藹友善，但在面對具體事情時，切不可聖母心氾濫，無限慈悲，這樣不但做不好事情，還可能助紂為虐，被人利用。

孟子有一句話，叫「徒善不足以為政，徒法不能以自行」。從字面意思理解，就是一個國君僅僅心存善念是不足以為政治國的；同樣，法令也不會自動自覺地發生效力。這句話用到現在，就是告訴我們，做任何事都不能僅僅依靠善心、仁念，沒有好的做事方法，你就不能落實措施，解決問題；而光有方法、法令、規制，卻沒有針對性的方法，即使事情看似擺平了，實際效果也不好。

這種情況不難理解，比如我在給一些企業做培訓時，就有企業領導問我：「樊老師，我對下屬特別好，我們整個團隊氛圍也特別好，可為什麼就是不出成績呢？」這些領導認為，只要我善待下屬，把團隊氛圍營造好，大家就能主動工作，主動完成任務。這種做法就叫徒善，是做不好管理的，因為經營公司還要涉及很多流程、規定、策略、方法等，你不能有效實施，就不可能收到好的結果。

還有一種情況，有些公司動不動就引入一些所謂先進的管理制度、業務模式等，說出來都漂亮得很，但實施下來卻發現全是問題，根本行不通。或者有些公司喜歡組織員工去學一些課程，這些課程告訴你，只要你學會怎麼分錢，或者學會怎麼激勵，公司團隊就會自行運轉，根本不需要管理。這些其實都是不可行的。有些管理培訓確實有用，但你千萬別以為只要引入一套能讓整個團隊自行運轉的體系，就能讓公司運轉了。如果事情真這麼簡單，那公司就沒有倒閉的了。

不管是管理國家、管理公司，還是我們在生活中做其他事情，道理都是相通的。對此，孟子給出的解決方案是：一定要把善心和方法、策略結合起來。思想工作要做，流程工作也不能忽略。

歷史上有很多有善心卻治理不好國家的君王，比如孟子一直游說的齊宣王就是個典型的例子。齊宣王看到牛因為祭祀要被殺掉而嚇得瑟瑟發抖時，都會心存不忍，希望用羊來代替，但他卻不懂得把這種善心和仁心用在百姓身上，實施仁政，所以齊國也不能「王天下」。

還有南北朝時期的梁武帝，一生吃齋念佛，祭祀時都不用牛羊犧牲，而是用穀物代替；有死刑的時候，還會為犯人涕泣，夠仁慈了吧？可是他也沒有管理好自己的國家，導致貴族子弟驕縱不法，侯景起身反叛，最終天下大亂，自己也沒能得到善終。

所以孟子說：「離婁之明，公輸子之巧，不以規矩，不能成方圓；師曠之聰，不以六律，不能正五音；堯舜之道，不以仁政，不能平治天下。」連離婁這樣耳聰目明的人，公輸班這樣有能力有技巧的人，如果沒有圓規和尺子，也畫不出方形和圓形；師曠這麼厲害的音樂家，如果沒有六律作為準則，也不能夠正五音；堯和舜這樣的好帝王，如果不實施仁政，也不能夠平治天下。這些都是標準、規範、原則性的東西，是成功做事的前提，你不遵守，不實施，肯定就做不好該做的事。

治理國家，君主不但要有仁心，還要實施仁政，仁心與仁政結合起來，才能從根上治理好國家，實現「王天下」。我們做其他事也是如此，既要有善心善德，同時還要堅守底線、原則，講究策略和方法，這樣才有可能把事情做好。徒善，有其心，無其政；徒法，有其政，無其心。這兩者都做不好事情。

以若所為，求若所欲，猶緣木而求魚也。

——《孟子·梁惠王上》

方法不對，終會勞而無功

我們經常說，越努力的人會越幸運，可有些時候，如果你用的方法不對，越努力反而會越絕望、越勞而無功，甚至還會南轅北轍。

在我認識的一些人中，有的人本來很有能力，但做事總做不到點子上。他們並不是不努力，相反，他們可能比其他人更努力，可自己的境遇一直沒什麼起色，甚至越來越難。有時我跟他們聊天，他們會特別沮喪地問我：「樊老師，你看我每天任勞任怨，不偷懶，不耍滑，可想做出點兒成績怎麼就這麼難呢？」

其實他們沒搞明白，成功從來不是靠蠻幹的，雖然很多人信奉「一萬小時定律」，信任「刻意練習」，但它並非萬能，有些時候或有些事情可能並不適用。只有找到最適合自己的做事方法，你才能成功。

孟子與齊宣王的對話就非常深刻地說明了這一觀點。孟子認為，齊宣王想學齊桓公、晉文公，以「霸道」的做法來治理國家並不可取，更不可能實現整個中國的大一統。所以孟子說：「以若所為，求若所欲，猶緣木而求魚也。」以你現在的做法，要讓周圍的國家都來歸順齊國，把齊國當老大，簡直就如緣木求魚。你爬到樹上去捉魚，可是樹上根本沒有魚，你的目的怎麼可能實現呢？說白了，就是你這個方法根本不可行。

在創業圈裡流傳著這樣一句話：「創業是個高風險行業，失敗是必然的，成功是偶然的。」這與古時候那些諸侯國想要一統天下的道理是一樣的。但是，為什麼還是有人能創業成功呢？那是因為創業的風險值與創業者的能力有關。很多人都認為，創業者都是披星戴月但仍然苦路漫漫，我認為這是一個錯誤的觀點。我在講課時經常跟大家講，當你正在創業，或者在做其他事情，比如打工、教學、做科學研究，甚至是管教孩子時，如果感覺很辛苦、很有壓力，往往是因為你沒有找到更好的方法。

我上學時曾經勤工儉學，跟別人學修自行車。當我想把車胎從車輪上扒下來時，感覺好難呀，手都弄破了，也扒不下來。但是我發現，教我的老師傅卻能輕輕鬆鬆地把車胎扒下來，一點兒都不費力氣，這是因為人家比我更早找到了方法。而我沒有掌握正確的方法，只能使蠻力，有時可能使再大的勁兒也沒用。

在孟子看來，齊宣王當時的所作所為根本就不是實現目標的正確方法，不但會給老百姓帶來災禍，「仰不足以事父母，俯不足以畜妻子，樂歲終身苦，凶年不免於死亡」，還會給自己招來災禍。老百姓的日子過不下去，什麼放辟邪侈、妖魔鬼怪的事情都出來了，你的國家怎麼能安寧？所以這種做法根本不可行。

那什麼樣的方法才可行呢？

就是孟子一直倡導的「行王道，施仁政」，通過仁政讓百姓豐衣足食，不飢不寒，之後再教化他們走上善良的道路。這時你再來管理百姓，百姓也更容易聽你的話了。

這裡面有個道理，我覺得特別有意思，就是孟子對齊宣王說的，「此惟救死而恐不贍，奚暇治禮義哉？」。意思是說，當老百姓生活在困苦之中時，僅僅讓自己擺脫死亡都很難，哪裡顧得上講求禮儀呀！

我有時跟一些年輕人聊天時，會問他們都在忙什麼，有的人就說：「我正忙著完成績效任務呢！」還有的說：「我正為升職加薪努力呢！」聽起來好像都很有幹勁兒的樣子，但我卻不贊同他們的這些做法。如果每個人都為了完成績效指標、獲得升職加薪而忙得沒時間休息，沒時間陪家人、陪孩子，甚至連睡覺的時間都沒有了，怎麼還能有時間和精力去做創新的事？怎麼還有時間去學習、去進步？這就與「奚暇治禮義哉」是一樣的道理。

我之前跟我兒子的校長聊天，校長就告訴我一件事，說他們學校裡有個孩子，父母給他報了四十個校外班。這是什麼概念？簡直比在學校裡上的課還多呀！結果怎麼樣？孩子每天忙得像個陀螺，光顧著上課的事了，根本沒時間思考，沒時間放空，更沒時間慢慢體會自己所學的東西，每天都處於一種焦慮狀態，我認為這並不是一種好的培養方法。

所以說，大到治理一個國家，小到管好一個孩子，都一定要找對方法。對於治理國家來說，國君要先讓百姓的生活變得富裕，之後再教他們禮義廉恥才有效；對於管教孩子來說，你要先讓孩子放鬆下來，這樣他才能學會調節自己，之後有更充沛的精力去學習、去創新，成長為更優秀的人。

如知其非義，斯速已矣，何待來年？

——《孟子．滕文公下》

有過錯就要及時改

我在講《論語》時，曾講過發生在孔子身上的一個小故事。

有一天，孔子到了武城，武城宰正是孔子的學生子游。孔子見子游把武城治理得不錯，到處都是琴瑟歌詠的聲音，就微笑著說：「殺雞何必用宰牛的刀呢？」顯然，孔子是沒把武城這個小地方放在眼裡，覺得子游治理這麼個小地方，沒必要花費這麼大的力氣。

子游聽了，有些不服氣，就對孔子說：「我以前聽先生說過，『君子學習了禮樂之道就能愛人，小人學習了禮樂之道就容易使喚』。」意思是人們學習了禮樂之道，就都能努力為社會做事，成為有用之人。

孔子聽完後，忙對身邊的其他學生說：「言偃（子游的名字）的話是對的，我剛才只不過是開個玩笑而已。」

孔子說錯了話，被自己的學生指出來，他馬上當著眾多學生的面承認錯誤，這也是孔子的不凡之處。

這讓我想到了我們在生活和工作中遇到的一些人，尤其是有些身分、地位的人，明明自己犯了錯，可一旦被別人當眾指出來，馬上就會翻臉，覺得有損於自己的威信和顏面，更別說立即改正了。更糟糕的是，有些人還會把責任推給其他人，讓別人替自己「背鍋」。

我對這些人的這種做法非常不認同，覺得他們這樣做太缺乏格局。做事要想成功，贏得別人的認可，靠的不是你的身分、地位，而是明確的自我認知能力和很強的執行能力。對於錯誤，更應該身體力行地快速改正，給身邊人做出一個好榜樣。

在《孟子·滕文公下》中，記載了一個令人啼笑皆非的小故事。宋國的大夫戴盈之想要改革弊政，就來找孟子探討，對孟子說：「我們想改革，把稅收從原來的百分之二十降到百分之十，同時免除關稅，自由貿易。但是，我們現在做不到一下子降這麼多的稅，就想先降低一部分，明年再完全施行，您覺得怎麼樣？」

戴盈之是想漸進式地推行降稅政策，今年先少降點兒，明年完全推行。按理說這樣做也沒什麼不對，如果孟子客氣一些，可能就會表示同意，並且督促戴盈之去施行。但孟子這個人不會說客套話，而是給戴盈之舉了個例子，說：「現在有個人，每天都去鄰居家偷一隻雞，有人告訴他，這樣做不對，不是君子之道。他就說，那我少偷些吧，以後每個月偷一隻，等明年我就完全不偷了。」

看到這個故事時，我都忍不住笑了，孟子諷刺人的技術也太高了！你明明知道原來的做法是錯的，就應該馬上革除其弊，為什麼還要等到明年呢？

雖然是諷刺的話，但從一定程度上來說還是很有道理的。不管做任何事，關鍵在於知錯就要馬上改正，而不應拖拖拉拉，更不應明知犯了錯，還為自己的錯誤找藉口開脫。

跟孟子的這個比喻最接近的一種現象，就是戒菸。我原來講過一本專門幫人戒菸的書，叫《這書能讓你戒菸》，後來經常有人跟我說：「樊老師，真的感謝您講了這本書。我就是聽了您講的這本書後，把菸癮戒掉了。」我每次聽到這樣的話都很高興。

在我們很多人的觀念中，認為戒菸就要循序漸進地戒，比如以前你一天抽一包菸，現在就減少一些，兩天抽一包，再到三天抽一包，慢慢減少，直到徹底戒掉。這本書告訴你，你這樣是不可能戒掉菸癮的。只要你決定戒菸了，最有效的方法只有一個，就是立刻停止吸菸。

有的人可能說，我做不到馬上不吸，怎麼辦呀？我認為，那是你還沒有真正意識到吸菸的壞處。如果你自己查閱了相關的科學文獻，完全了解到吸菸的壞處，就會意識到吸菸這件事真的是非常有害健康的，甚至你看到別人吸菸都會同情他們。這個時候，你立刻讓自己戒菸，一定可以戒掉。

孟子的觀點正是如此，只要你意識到了錯誤，就應該馬上改正，不要拖沓。立即改正錯誤的好處在於：對自己來說，你做到了正視自我、勇於改進，而且減少了犯錯的心理成本；對別人來說，你降低了對方受到的感情傷害，而且獲得了補救的時機和可能。所以，孔子在《論語》中也指出，真正的君子是不迴避自己的錯誤的。孔子的學生子貢也說：「君子之過也，如日月之食焉：過也，人皆見之；更也，人皆仰之。」意思是說，君子也會有過錯，他的過失如同日食和月食，之所以這樣，是因為君子不掩飾自己的過失，因而發生時人人都能看得到。君子有了錯誤，能認識到自己的錯誤，並且能夠及時改正，這並不丟臉，反而還能得到別人的敬仰呢！

何必曰利？亦有仁義而已矣。

——《孟子・梁惠王上》

學會從更高維度解決問題

最近幾年，有一句話在社會上流傳很廣，就是：沒有永恆的朋友，也沒有永恆的敵人，只有永恆的利益。上自國家大事，下至朋友之間，說者理直氣壯，聽者點頭認同，彷彿這就是天理一般。

我們如果在網上搜一下這句話的出處，就會發現這句話出自一八四二年三月一日，是英國議員帕麥斯頓在議會上回應反對黨關於英國外交政策的質疑時說的話。他的原話是：「我們沒有永遠的盟友，也沒有永遠的敵人，但英國的利益是永恆不變的，我們這些人的職責就是為國家謀求這些利益。」

這句話後來有多種譯法，流傳最廣的就是「沒有永恆的朋友，也沒有永恆的敵人，只有永恆的利益」。而後面一句最關鍵的話，卻被大家給省略了。

我在跟朋友聊天時，也會聊到這個話題，大家內心都有疑惑：難道現代社會，真的只有「利」而沒有「義」了嗎？

從一定程度上來說，「利」確實是我們迴避不了的話題，不管是朋友、家人之間，還是做生意、經營公司，都離不開「利」。否則，大家的生活就沒有保障，企業就不能發展，社會也不能進步，國家也不能富強。因此，談「利」無可厚非。

但是，在我們的人生中，獲利卻不是唯一目的，這一點早在幾千年前孟子就已經參透了。在與梁惠王的一段非常著名的對話當中，孟子便提出了關於「利」的主張。

梁惠王這個人在歷史上很有名氣，很多人都以為梁惠王是梁國的國君，其實不然，他是魏國人，也叫魏惠成王。只是後來魏國被秦國打敗，國都遷到了大梁，也就是今天的開封，魏惠成王才成了梁惠王。

當時，各國之間的紛爭十分激烈，梁惠王也派使者四處訪求賢人，孟子就是在這個時候來到魏國的。兩人見面後，梁惠王就問孟子：「您不遠千里而來，一定能給我們的國家帶來很大好處吧？」

如果你讀過關於孟子的書，就一定知道，孟子一直主張的都是仁義之道，最不喜歡的一個詞就是「利」。所以聽梁惠王這麼一說，他直接就頂了回去，說：「您為什麼張口閉口都說『利』呢？我覺得有仁義就足夠了。如果大王說『怎樣才對我的國家有利？』，大夫說『怎樣才對我的家族有利？』，一般的士子百姓說『怎樣才對我自身有利？』，上上下下都只看到『利』，那國家就危險了。」

孟子講的道理很簡單，如果在一個國家內，從高高在上的國君，到民間的普通百姓，每個人都利欲熏心，想的都是自己的利益，眼裡也只有自己的利益，那誰還會管國家呢？國家不就危險了嗎？

其實不光梁惠王如此，當時很多人看到的都是最直接的「利」，而不是

「義」，就連諸子百家中的一些大家也都主張以「利」為先，比如當時的楊墨兩派（楊朱派與墨翟派）。《孟子．盡心上》中就曾說：「楊子取為我，拔一毛而利天下，不為也。墨子兼愛，摩頂放踵利天下，為之。」意思是說，楊朱主張一切都為自己，哪怕只拔一根毫毛就對天下有利，他都不幹。墨子呢，主張兼愛，磨禿頭頂，走破腳跟，只要對天下有利的事，什麼都肯幹。墨子只有天下，沒有自己，聽起來這是好事，但孟子卻一併批評了他們，為什麼呢？因為他們都是從「利」的角度出發來解決問題的，所以孟子非常不客氣地說：「楊朱利己，是無君也；墨子兼愛，是無父也。無父無君，是禽獸也。」楊朱只為自己，那是無君；墨氏無差別地愛一切，那是無父。心中無君無父的人，那就是禽獸了。

那麼，是不是人就完全不能講「利」呢？

當然不是。北宋理學家程頤就曾說過：「君子未嘗不欲利，但專以利為心則有害。惟仁義則不求利而未嘗不利也。」意思是說，君子做事並不是不要利，只是一心只想著利益，不想仁義，才會有害。而行仁義、施仁政的人，雖然沒有求利，卻能無往不利。尤其在人人都講利益的時候，你講仁義，就更能拔本塞源，以救時弊。這是孟子的聖賢之道，也是治國之道，同時也是今天我們的為人處世之道。

我最近剛剛讀完一本書，書名叫《解惑》，它的作者是一位非常著名的整體思維學者。這本書有個觀點認為，世界上有兩類問題，一類叫匯聚性問題，一類叫發散性問題。

舉例來說，我們要造一些東西，如桌子、自行車、電視機等，最後造出來發現，這些東西不管在哪裡造，造出來的樣子都大同小異。這就叫匯聚性問題，是可以用標準來解決的。

而發散性問題就很難用統一標準來解決了，比如你在公司裡面是一個管理者，是自己親力親為多一點，還是放手多一點，親力親為或放手又要到什麼程度，這個度不同的人就有不同的標準。

在孔子看來，解決這類問題的方案是中庸之道，你自己去把握那個度就好，但這個操作難度又非常大，因為我們很難準確地找到中庸的那個點。

《解惑》這本書的作者認為，面對任何兩個需要平衡的觀點，到最後我們真正要解決的都不是要選擇哪一個觀點，而應該從更高維度出發去解決問題。這個更高維度，就是如何讓身處矛盾中的每個人都變得更好，這樣矛盾才能從根本上得到解決。

所以，發散性問題的答案並不都來自問題本身，而是來自一個更高的維度。我在講「領導力」時，就經常跟我的團隊成員說，我們的團隊到底是放權多一點好，還是管理多一點好，這些都不是最重要的，重要的是我們如何調動團隊中每個人的積極性和成長型思維，讓員工與我們一起成長，一起為公司發展努力，這才是解決問題的有效方案。如果大家腦子裡每天想的都是考核、任務、績效目標，眼裡只有「利」，那就沒有了人情味，大家也都沒有了理想和成長的動力，這樣的公司注定難以走遠，團隊成員也難以有好的發展。

言近而指遠者，善言也；守約而施博者，善道也。

——《孟子．盡心下》

學會「抓大」，善於「放小」

我在跟一些做企業的朋友聊天時，總能聽到他們這樣那樣的抱怨：「你說我手下那些人什麼都做不好，怎麼辦啊？」「要是下面人經驗豐富一點，就不用我操心了……」「跟他們交代一件事太費勁了，等說明白了，我自己早就做完了。」……

每當這些時候，我就會反問他們：「你們為什麼非要抓住一些細枝末節的東西不放呢？」他們就很疑惑，說：「我不管，他們就做不好呀！出了問題，損失不還是我的？」

這種心情可以理解，但是這種做事風格我不大贊同。很多人在做事時，都容易分不清主次輕重，常常是撿了芝麻丟了西瓜，雖然能把一些細節小事做得很好，但總體成效卻不大，因為這些瑣碎小事已經佔用了他們大部分的時間和精力，真正重要的大事反倒被他們忽略了。

事實上，在每一件事、每一項工作上，都包含有一些關鍵性的任務，也就是最後決定事情成敗的關鍵環節。要把事情做對、把工作做好，我們就必須把注意力放在關鍵環節上。

我有一位朋友，因為工作業績突出，被公司提拔為部門經理。最開始，他在給員工交代工作時，心裡很惶恐，總擔心員工做不好，把事情搞砸了。所以在布置完工作後，他還經常在員工旁邊指導，有時索性親自上手。

這樣一段時間後，部門裡的很多工作都是他和員工一起完成的，甚至有的乾脆就是他自己完成的。這讓他感覺每天都很累，還影響了自己的本職工作。我們多次聊過這個問題，我也勸過他很多次，給他提出了一些建議，他才逐漸意識到自己的問題，開始慢慢改進自己的工作方法。

一個經常忘記最重要事情的人，往往會淪為瑣事的奴隸。有人說過這樣一句話，我覺得特別好：「智慧就是懂得該忽視什麼東西的藝術。」你要想發揮自己的智慧和潛力，就要專注於自己的優勢並一定有所回報的方面。你也只有堅持在自己的優勢方面努力，這些優勢才能得到進一步的發揮和發展。那些做事高效率的人士，就是善於尋找並設法控制一些最能影響他們做事的關鍵因素，這樣，他們做事才會比一般人更輕鬆，也更容易做出成績。

戰國時期，秦國為了富國強兵，進行了著名的商鞅變法。變法的條目事無鉅細，在當時的秦國產生了巨大的效果。秦統一六國後，就把商鞅變法的模式推行到了全國。這時就出現了一個問題，六國之前一直有自己沿襲百年的文化與制度，而秦國嚴苛的法家思想並不適用於其他六國的老百姓。所以，劉邦曾多次感嘆「天下苦秦久矣」。為了不再步秦朝後塵，劉邦在率軍攻入咸陽時制定了一個十分簡單而且名氣絕不輸給商鞅變法的規矩，那就是約法三章：「殺人者死，傷人及盜抵罪。」簡單的十個字，就卸下了天下人沉重的包袱。這樣一來，老百姓紛紛開始擁護他。

劉邦之後，漢朝又推行黃老之學，與民休養生息，開創了歷史上著名的「文景之治」。而這一切的基礎，僅僅是漢高祖劉邦提出的那簡單的十個字而已。

孟子曾說過一句耐人尋味的話：「言近而指遠者，善言也；守約而施博者，善道也。」意思是說，用淺近的語言表示深刻的含義，就是高明的言論；遵守簡約的原則，而實行時卻處處可通，就是高明的做事之道。用一個我們熟悉的成語來理解的話，就是「大道至簡」，也是我常說的，要學會「抓大」，善於「放小」。那些善於做事的人之所以比其他人做得好，也是因為他們做

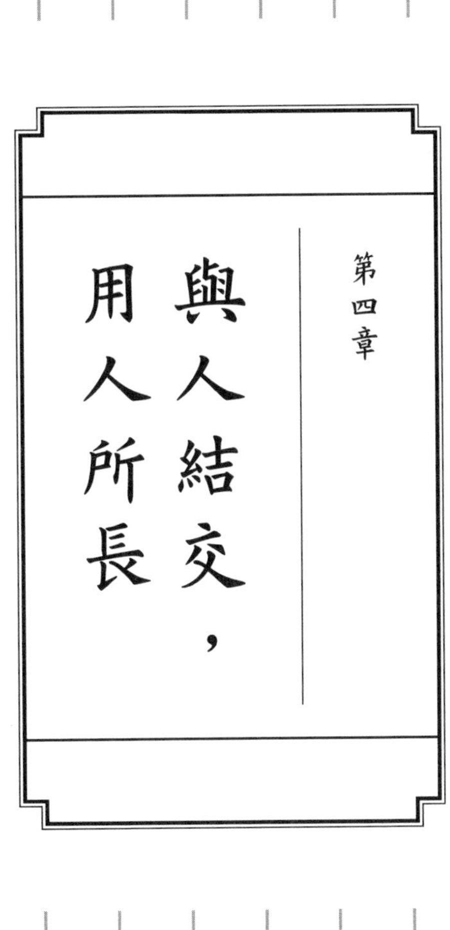

第四章

與人結交，用人所長

子為長者慮，而不及子思，子絕長者乎？長者絕子乎？

——《孟子·公孫丑下》

能被人賞識是一種幸福

大家都讀過「蕭何月下追韓信」的故事。韓信本來很有將才，但因為劉邦不賞識他，他決定逃走，不跟著劉邦幹了。這件事被蕭何知道後，蕭何什麼都顧不上，立即騎馬去追韓信，把韓信追了回來。之後蕭何又向劉邦力薦，封韓信為大將軍，最終劉邦在韓信的幫助下打敗了項羽。

這個故事就說明一件事，有人賞識你，能夠看到你的價值，欣賞你的才學，對你來說將是一件非常幸福的事。在必要的時候，這些人還可能為你創造機會，讓你去發揮自己的潛力和價值。相反，如果你滿腹才學，卻沒有人慧眼識金，那是非常令人惋惜和遺憾的！

孟子就曾經遇到過這樣的事。在他準備離開齊國時，齊王並沒有派人來挽留他，但有個人想替齊王留住孟子。不過，他的挽留方式卻沒有抓住問題核心，他既沒得到齊王的指派，跟孟子也不熟，不了解孟子，就自己冒冒失失地來了，以為憑借自己的口才可以留下孟子，成就一段佳話。結果見到孟子後，勸說了半天，孟子也不搭理他，他就很生氣。

孟子見狀，便耐心地給這個人分析原因，說：「昔者魯穆公無人乎子思之側，則不能安子思；洩柳、申詳，無人乎穆公之側，則不能安其身。子為長者慮，而不及子思，子絕長者乎？長者絕子乎？」以前的魯國國君魯穆公對待賢者子思，都是以師道尊之，派人侍候子思的飲食起居，所以子思才願意留在魯國為臣。如果沒派人在子思身邊侍候，魯穆公就不安心，同時他也怕子思不安。洩柳、申詳也是魯國的賢臣，如果魯穆公身邊沒有他們的人，他們自己也不能安心。

孟子這段話是在說，子思因為得到了魯穆公的賞識、尊重和照護，才願意留在魯國做事。當然，這些照顧子思的人肯定也會經常在子思與魯穆公之間傳話，使兩者互相了解，子思才能安心地待在魯國。同樣，像洩柳和申詳這些賢臣，雖然得到的重視程度不及子思，但也有那些在魯穆公身邊的賢臣維護他們，讓他們安心地做事。如果魯穆公身邊沒有替子思、洩柳、申詳等人說話的賢臣，沒有人維護這些人的形象，那他們同樣無法在國君面前安身立命。

這一點不難理解。大家應該記得《三國演義》中，諸葛亮到東吳勸說孫權，希望東吳跟蜀國聯合起來抗擊曹操，結果遭到了東吳諸謀士的責難，最後諸葛亮舌戰群儒，把那些謀士駁得啞口無言。

我們在看這段內容時，都覺得諸葛亮好厲害，但其實我們還忽略了一個人，就是魯肅。魯肅非常賞識諸葛亮，經常在孫權面前說諸葛亮的好話，並且他還提前給諸葛亮「打預防針」，告訴諸葛亮不要在孫權面前說哪些話，怕諸葛亮年輕氣盛，出言不遜，導致聯合抗曹的計畫破裂。正因為魯肅在中間積極溝通，幫助雙方在對方面前塑造了良好形象，才讓孫劉聯合成為現實。

但是，孟子在齊國卻沒有得到這樣的待遇，就算有個人來挽留自己，也不是奉齊王之命來的，而他本人也不是什麼薦賢之臣，連子思怎麼被魯穆公對待都想不到，自己就算留下來，又有什麼意義呢？

我們發現，孟子之所以不願意留在齊國，最本質的原因是他覺得自己獲得的賞識和尊重程度不夠。這就說到了我們身邊要有什麼人的話題。不管是在生活中還是在職場上，很多人覺得，我只要努力生活、好好工作，做出成就，別人就一定能看到。實際上還真不一定。

我之前講過一本書，叫作《權力：為什麼只為某些人所擁有》，是史丹佛大學的幾位人力資源教授寫的。他們研究後發現，職場中並不像我們想像的那樣，認為只要我們幹好活、做得好，就一定能得到好報，獲得相應的權力。權力有它自己的運行機制，你做了什麼事不重要，重要的是領導重視什麼，你只有讓領導注意到你，知道你在做些什麼，並且想盡一切辦法知道領導此刻需要完成的事是什麼，才有可能被領導關注。簡單來說，只有把業績與政治技巧結合起來，你才可能得到晉升的機會。

所以，要想讓領導關注你，同時你也了解領導所需，就必然要有中間人真正賞識你，並且他還能在領導面前說上話，願意舉薦你，為你說好話，你才能得到領導的重視。否則，就算你有能力、有成就，領導也不一定知道。

大家應該了解過袁崇煥和崇禎皇帝之間的故事。袁崇煥雖然是一介文人，卻才能卓越，也很有勇氣，自薦帶兵去鎮守遼東，功勞顯著。

但是，他的悲劇就在於崇禎皇帝對他的猜忌。從某種意義上來說，他是很多人眼中的救世主，但也是某些人的眼中釘，魏忠賢遺黨在崇禎皇帝面前說袁崇煥擅自議和，通敵謀反，所以最後袁崇煥便落得個身死名裂的下場。

生活中會有很多「千里馬」，但扮演「伯樂」角色的卻不多，所以來自貴人的賞識和肯定，一定會給我們帶來極大的激勵作用。如果真的能夠遇到生命中所謂的「伯樂」，我們也一定要記得他們對我們的肯定，正因為有他們，我們才在成就自我的道路上少走了無數彎路。

左右皆曰賢，未可也；諸大夫皆曰賢，未可也；國人皆曰賢，然後察之；見賢焉，然後用之。

——《孟子・梁惠王下》

知人善用，才更易成功

不管是在歷史上，還是在當今社會，發揮關鍵作用的從來都是人，所有的成功最終也都是人的成功。

比如我們都熟悉的項羽和劉邦爭天下的故事，一個是戰無不勝、所向披靡的西楚霸王，一個是屢戰屢敗、打不過就跑的漢中王，為什麼最終得到天下的是劉邦而不是項羽？

項羽雖然做事豪爽，光明磊落，是很多人心中的英雄，但他識人、用人的眼光卻比劉邦差著十萬八千里。他不但任人唯親，還目光短淺，鴻門宴中，劉邦都送上門來了，范增也多次暗示項羽殺掉劉邦，結果項羽還是放走了劉邦，痛失天下。而劉邦雖為一介布衣，卻知人善用，不管是張良、蕭何還是韓信，都被他重用過。他也憑借這些人的忠心輔佐，最終成就了霸業。

在《孟子．梁惠王》中，有很多內容都是關於如何識人、用人的，很值得現代管理者借鑑。

比如，在一次孟子與齊宣王的對話中，孟子對齊宣王說：「所謂故國者，非謂有喬木之謂也，有世臣之謂也。」意思是說，那些歷史悠久的國家，並不是它有百年千年的大樹，而是它有累世為國家服務的大臣。這些大臣把自己與國家的命運捆綁在一起，世世代代為國家效力，才使國家得以長久生存和發展。

古代君王都有自己的寵臣，但如果寵信的都是一些只會溜鬚拍馬、看臉色行事、對君王言聽計從的人，卻留不住德行足夠好的人，那麼這樣的國家是很難長久的。真正會用人、能夠「王天下」的君王，應該是像劉邦那樣的人，知道自己能力不強，那我就用強人，同時劉邦自己也能像對待老師一樣對待這些人，像張良、蕭何等，能認真聆聽他們的建議。還有曹操也很會用人，曹操的用人策略就是跟能人交朋友，他跟那些謀士、戰將的關係就像朋友一樣，像荀彧、郭嘉等人，讓這些人助他成就霸業。

那麼，怎樣才能識別真正的人才呢？

孟子跟齊宣王講了自己的人才觀：「左右皆曰賢，未可也；諸大夫皆曰賢，未可也；國人皆曰賢，然後察之；見賢焉，然後用之。」

也就是說，身邊侍奉你的這些人，像你的家人、侍從等，說這個人好，那不能信；朝廷中的高層說這個人好，你也不能信；老百姓紛紛傳頌這個人好，你還要先認真地考察一番，比如派人去跟他談話，暗中觀察他的做事風格、策略等等，去收集關於他的資料，如果發現他真的是個賢人，那才能用。

在今天看來，這種識人、選人的方法似乎太過繁瑣了，但嚴格來說，這確實能為我們選出優秀、德才兼備的人才，而不是道聽塗說，別人說這個人好、有本事，你就重用他或跟他合作，也不去考察他是不是有真本事、有真德行，這是不行的。

但是，這裡有個關鍵問題，就是如何「察之」，也就是如何識別出有真才華、有真德行的人才。這在古代是很難的。孔子曾經說：「視其所以，觀其所由，察其所安。人焉廋哉？人焉廋哉？」就是說，你看明白一個人正在做的事，看清楚他做事的緣由，看仔細他的個人愛好，這個人就沒什麼能隱藏的了。說白了，就是你要弄清楚一個人的使命、願景、價值觀。而孟子的說法就更簡單了：「視其眸子。」你只需要看一個人的眼睛，就能判斷他心裡想什麼、是個什麼樣的人。

不過在今天看來，這些方法都是不太可行的，或者說太過主觀了，因為每個人都可能會被自己的情緒、喜好等所左右。所以我們也發現，古代君王失察的情況非常多，造成的損害也非常大，比如崇禎皇帝和袁崇煥。

我之前講過一本書，叫作《我會獨立思考》，是寫給孩子的，但我認為家長們也應該讀一讀。裡面就講，很多人都缺少獨立思考的能力，容易被情緒左右，比如你聽說身邊的某個人不好，那你的腦海中立刻就會產生雪崩式思維，接下來你的思維就「炸裂」了，你會想：萬一這個不好延續下去怎麼辦？萬一這影響到更多人怎麼辦？萬一影響了我的發展怎麼辦？……

這就是雪崩式思維在左右我們，你完全無法客觀地看待這件事，也沒有弄清這個人到底有多不好，就將其災難化了。這時你就容易做出錯誤的判斷，以後這個人不管做什麼，或者取得什麼成績，哪怕做了很多好事，你也會覺得他不好。

所以說，真正懂得識人、用人的人，通常不會用這種主觀的方法去評價一個人，而是根據自己的實際需要設立一套選人體系。這個體系就像一個精確運行的機器，一旦建立起來，便能夠自然運轉下去，不受個人喜好、情緒等因素左右。

昔者堯薦舜於天而天受之，暴之於民而民受之，故曰：天不言，以行與事示之而已矣。

——《孟子．萬章上》

用人應德行為先，能力為後

古往今來，所有王朝都要經歷帝王的更迭，而大部分王朝的興衰存亡往往取決於繼任者，比如，秦二世胡亥僅用不到三年的時間就斷送了強大的秦帝國。

這個問題在如今的很多企業中同樣存在，比如企業在選擇接班人時，選擇是否成功，會在很大程度上決定著這個企業未來的走向和命運。以往，很多家族企業的創始人在選擇接班人時，會首先考慮培養自己的後代。不可否認，有一些二代接班人是非常優秀的，通過培養也的確扛起了重擔，而且有些人還把家族企業帶上了一個更高的層次。但同時我們也看到，還有一部分二代接班人並不具備這種能力，結果使得家族企業在自己手中逐漸走了下坡路，甚至徹底沒落，被市場淘汰。

實際上，在經營企業這方面，二代接班人的能力只是其中的一個因素，我認為更重要的是一個人的德行，甚至在一定程度上，德行的重要性是高於能力的。只有能力而德不配位，很難獲得好的結果。

不僅經營企業是這樣，我們日常跟人合作共事同樣如此。我在跟身邊的人交往或共事時，通常都會把對方的德行放在首位，把能力放在後面。德行不行，能力再好，我也不願意跟這樣的人打交道，因為你不知道什麼時候，他可能就會算計你一把，跟這樣的人共事心裡不踏實。相反，能力差一點而德行很好的人，做事可能沒那麼完美，但你跟他合作會感到放心、踏實。

北宋政治家司馬光在《資治通鑑》中說過這樣一句話：「才者，德之資也；德者，才之帥也。」意思是說，才能是德行的憑借，德行是才能的統帥。司馬光理想的選人、用人標準就是德才兼備，有德無才者次之，無德無才者又次之，最不能用的就是有才無德的小人。歷史上這樣的人有很多，比如秦朝的李斯，荀子的弟子，寫得一手好文章，他寫的《諫逐客書》還一度入選了中學課本。他還寫得一手好字，現在泰山的岱廟裡還有他留下的手跡呢。但這個人就沒有德行，他為了自己的榮華富貴，同意趙高害死公子扶蘇和大將蒙恬，立胡亥為秦二世，最終葬送了大秦王朝。所以，司馬光認為，用人當先求有德，若才德不能雙全，那就「寧捨才而取德」。

但是，這裡有個問題，就是一個人的能力可以通過他的工作表現、做事風格等體現出來，但是他的品行卻可能隱藏得很深，不容易辨識。這時，我們該怎麼辦呢？

關於這個問題，孟子和他的弟子萬章就曾經討論過。

有一次，萬章問孟子：「堯把天下交給舜，有這麼回事嗎？」

孟子回答說：「不是這樣的，天子是沒有權利把天下交給他人的。」

萬章又問：「那麼舜得到的天下是誰給他的呢？」

孟子回答說：「是上天交給他的。」

萬章接著問：「上天是怎麼交給他的？是反覆叮囑告誡後交給他的嗎？」

孟子回答說：「不是這樣的。上天並沒有說話，只是用行動和事跡來表示罷了。」

萬章就接著追問是什麼樣的行動和事跡，孟子繼續給他解釋說：「昔者堯薦舜於天而天受之，暴之於民而民受之，故曰：天不言，以行與事示之而已矣。」這句話的大概意思是說，堯所做的是把舜推舉出來，給他表現的機會，看上天接不接受；讓天下的老百姓來考察他，看老百姓接不接受，然後再根據這些來對舜做出一個判斷。

萬章接下來又問：「那上天和百姓接受舜之後，具體都發生了哪些事？」孟子就又向他解釋，比如讓舜來主持祭祀，所有的神明都來享用；讓他來主持政務，所有事務都處理得井井有條，百姓也能安居樂業。從這些事情上就可以看出，上天和百姓都接受了舜。

通過這段討論，我們發現，要識別一個人是不是有德行，或者德才兼備，最直接的辦法就是看他身邊人的表現。如果是個公司領導，那就看他所帶的員工表現如何，公司的發展狀況如何；如果是你的合作伙伴，那就看周圍人對他的評價如何，大家是不是都對他表示信任和認同。通過這些基本就可以判斷出一個人是否德才兼備了。

賢者而後樂此，不賢者雖有此，不樂也。

——《孟子·梁惠王上》

想讓人自律，先給他自尊

我們先來想像一個場景：一根中等粗細的繩子，放在桌子上，我們不借助任何工具，怎樣才能讓繩子向前移動呢？有兩個方法：從後面向前推和在前面拉。其實根本不需要實際操作，我們就能想像出結果：推是不可能得到預期效果的，因為繩子很軟，一推就亂作一團了，只有在前面拉才能達成目標。

我舉這個例子要說明什麼問題呢？說明在和別人一起做事時，對方就像那根繩子，你在後面推（批評、指責、督促等）並不能從根本上解決問題，甚至會讓對方產生不滿情緒，失去做事的積極性。但是，如果你能用恰當的方法激發對方的積極性，讓對方意識到自己有能力做好一些事情，並且努力向前也是為了不斷提升自己的能力，這就是在前面拉對方，而對方往往可以爆發出驚人的力量。

每個人都是有自尊的，說白了，自尊就是一種情緒狀態，它是由好的結果或壞的結果刺激出來的一種感受。比如，你被自己的合作伙伴認同了，心裡肯定高興，做事也會更有幹勁；相反，你被大家指責了，自尊心受到了傷害，情緒就會低落，做事效率也會降低。

我們在激勵別人時也是同樣的道理，如果我們總是習慣把焦點集中在別人的錯誤和不足上，指責對方這裡做得不好，那裡做得不對，打擊對方的自尊心，試圖用這種方法推著對方去做事，不僅效果不好，反而還容易讓對方喪失做事的熱情和動力。

我曾在課程中講過《自尊》這本書，書中提到，自尊是可以給一個人帶來自律的。如果你能看到一個人身上的優點，並且肯定他、激發他，讓他感受到自己身上是有很多長處的，並且也能做得更好，這對他的成長和發展非常有幫助。

樊登讀書經常組織一些活動，有時活動也並非盡善盡美。比如有一次，有個小組在陝西做了一個客戶活動，當時反饋不太好，很多客戶對我們有意見。陝西分會會長也建議我跟小組成員分析一下問題，找到解決方案，減少客戶的不滿情緒。

我對他說：「我知道他們的活動有問題，但我們更應該看到他們在組織活動時的工作熱情。經驗欠缺沒關係，以後慢慢積累就好，但工作熱情是非常寶貴的，一旦受到打擊，很長時間都難以恢復。如果因為小組出了些小問題，我就開會批評他們，那以後他們再組織活動就放不開手腳，覺得自己組織能力不行，再遇到類似活動也不敢放手去做了。」

後來我在上海與這個小組碰面，表揚了其中的一個成員：「你的活動做得不錯，很及時，能力也越來越強了。」

他說：「其實我知道上次客戶反饋不太好，我下次一定準備得更充分些，把活動做得更好。」

你看，你首先給予了對方尊重和肯定，對方才會有動力和積極性把事情做得更好，這要比你指出他們的一大堆問題更能讓他自律。所以說，一個優秀的合夥人，一定是一個對人性本身十分了解並且有信仰的人，相信人是願意向更好的方向發展的。要學會抑制總是看到別人缺點的本能，善於去發現別人身上閃光的地方，表揚並強化它。這樣，對方才會在不斷的積極反饋中明確自己的努力方向，更加積極、自律地去承擔起自己的工作和責任。

今有璞玉於此，雖萬鎰，必使玉人雕琢之。至於治國家，則曰「姑舍女所學而從我」，則何以異於教玉人雕琢玉哉？

——《孟子．梁惠王下》

善於用人所長

在生活中，我們經常發現有這樣一類人：當大家為某個問題或觀點爭論不休時，他們馬上站出來說：「行了，都別爭了，這件事就聽我的吧！」看起來這類人殺伐果斷，很有魄力，能夠為大家負責，但其實他們的內心充滿自負，以為自己輩分高或地位高，就可以說了算、做決定，而對於大家爭論的問題事實是什麼樣的，怎樣處理更好，他可能並沒有認真思考過。

關於這個問題，孟子在跟齊宣王的對話中就曾經提到過。孟子先是給齊宣王舉了個例子：「今有璞玉於此，雖萬鎰，必使玉人雕琢之。」說現在有一塊璞玉，雖然價值連城，但你一定會請工藝大師來雕琢，而不是自己動手。道理很簡單，因為你不會嘛，肯定要找專業人士來做這件事，否則玉可能就廢了。「至於治國家，則曰『姑舍女所學而從我』，則何以異於教玉人雕琢玉哉？」可在治理國家時，你卻對賢能之人說：「把你學的本事都放下，聽我的話。」那跟你自己手把手教工藝大師來雕琢璞玉有什麼區別呢？

孟子這裡說的「工藝大師」指代的是誰呢？就是他自己。他認為，治理國家、實施王道這件事，我已經全想明白了，也都告訴你了，你按照我說的做就能把國家治理好。可是你不做，還老跟我說：「把你學的那些東西忘掉，你聽我的，因為我是國君。」這樣一來，我給你講的治國之道又有什麼用？你的國家不還是什麼都不能改變嗎？

你看，這是不是跟我們身邊一些人的做法很像？你想跟別人一起做事，一起討論問題，卻不願意聽別人的建議，更接受不了別人來做決定，那你怎麼跟人家合作呢？

我在創業之初也犯過類似的錯誤。從央視離職後，我曾創辦過一本名為《管理學家》的雜誌。有一次，我帶著雜誌的市場總監去跟其他單位談合作。談完之後，剛出對方單位的大門，市場總監就生氣地跟我說：「我想辭職，不想做了！」

我當時還很奇怪，趕忙問他到底怎麼了？市場總監回答說：「因為你根本不需要我，整個談判過程都是你自己在說，我連嘴都插不進去，那你還要我這個市場總監幹什麼？」我這才明白過來，我越位了！

這雖然是很小的一件事，卻讓我感觸很深。當一個專業人士站在你旁邊，卻發現自己的專業知識完全不被需要，那是多麼難受！所以從那時起，我就意識到，想把一件事情做得更完美、更有效率，就必須學會放低自己的身段，多聽專業人士的建議，多給擅長的人更多的表現機會，讓他們依靠自己的特長和專業知識去獨立地完成這件事。

在這一點上，我覺得古代做得最好的人就是宋仁宗。宋朝人常講，仁宗皇帝「百事不會，只會做官家」，宋朝人講的「官家」就是皇帝。宋仁宗自己沒什麼特長，也不夠狠決，但他永遠不跟大臣槓，大臣說什麼，他都耐心傾聽，並讓這些大臣去做決策。所以你會發現，北宋時期的名臣大部分都在仁宗一朝，這個時代也被稱為「共治時代」。

而往後推兩朝，到宋徽宗時期，百姓常講的卻是徽宗皇帝「諸事皆能，獨不能為君耳」，宋徽宗什麼都會，畫畫、書法、品茶、建築，樣樣精通，但唯獨不會做皇帝，最後導致北宋滅亡。

我曾經講過一本書，叫作《授權》，其中主要講的是企業管理者如何授權給具有專業知識的下屬，但我覺得這裡面的理念和邏輯同樣適合我們日常做事。這本書裡就講，一個領導者對團隊最負責的行為，並不是把所有事情都自己拍板，而是想辦法把決策權交給那些你請來的專業人士。當然，要做到這點並不容易，因為你要克制自己心中的偏好，克服自己的貪婪和恐懼。

其實很多人之所以喜歡自己拍板做決策，往往是因為心中的恐懼和對其他人的不信任，害怕別人犯錯，給自己或企業造成損失。而我們日常做事也是如此，之所以不願意聽別人的建議，或者讓別人做決定，就是怕最後事情搞砸了，給我們帶來不可挽回的損失。

但是，我們也要明白一點，要想把一件事情做好，就必須讓其中的每一個分子都充分發揮自己的特長、潛能和積極性。在這個過程中，不可避免地會犯錯，可任何團隊的發展和個人的成長都是通過不斷試錯獲得的，不犯錯你就永遠發現不了團隊的問題，也發現不了每個人在某方面存在的缺陷，更不知道如何去改進，自己也會越來越忙、越來越累。只有善於用人所長，並給予大家試錯的空間，才能激發出每個人的熱情、潛能和積極性。這樣，我們在做事時才會戰無不勝，更容易拿到好的結果。

責難於君謂之恭，陳善閉邪謂之敬，吾君不能謂之賊。

——《孟子．離婁上》

珍惜願意指出你錯誤的人

莎士比亞說：「一個人寧願聽一百句美麗的謊言，也不願聽一句直白的真話。」在生活和工作中，我們經常會與形形色色的人打交道，從他們口中也能聽到千言萬語。在這些話中，哪些應該過濾掉，哪些應該認真聆聽，時刻都考驗著我們做人做事的功力。而為人處世最難得、最可貴的，就是能夠聽到有人敢批評你，願意指出你的錯誤。我經常說，如果有人敢直截了當地指出你的過錯和不足，你不但不應該惱怒，還要好好珍惜這樣的人。要知道，在當今社會，有太多人都信奉「逢人且說三分話，不可全拋一片心」的信條，如果不是真的關心你、在意你，誰會願意對你講逆耳的忠言，做這種費力不討好的事呢？

遺憾的是，大多數人都更喜歡聽別人跟自己說奉承的話，尤其是一些有點兒身分、有點兒地位的人，更喜歡跟一些善於恭維奉承、溜鬚拍馬的人打交道。而這些人最擅長的事，就是跟領導說漂亮話，吹噓領導的功績，把所有的成績都歸功在領導身上。當然，有些人對此也很受用，有什麼好機會也會首先想著這些人。

這種現象好不好呢？

我們不能說它完全不好，但我覺得這對於一個人的能力提升和發展來說是非常危險的。你可以想像一下，在一個國家裡面，如果國君的周圍都是一些阿諛奉承的大臣，不管國君做什麼，他們都從來不說國君不好，有什麼壞消息也不告訴國君，還在國君面前營造出一種國富民強、國泰民安的虛假景象。學過歷史的都知道，一個國家如果是這樣的景象，那肯定離亡國沒多遠了。

孟子曾經說過：「事君無義，進退無禮，言則非先王之道者，猶沓沓也。」意思是說，臣子對國君只知道逢迎聽話，就是不義；臣子輔佐國君時，如果進不能匡正國君的過錯，退不能保持自己的廉潔，就是進退無禮。因此，「責難於君謂之恭，陳善閉邪謂之敬，吾君不能謂之賊」。你責求君王施行仁政，這是恭敬；你向君王陳述好的意見，堵塞他的邪念，這叫尊重；但如果你認為君王不能行善，這就叫坑害君王。作為臣子，如果只會趨走承順，那不是對國君真正的恭敬。真正的恭敬應該像孟子對梁惠王、滕文公那樣，對國君提出較高的要求，請求國君去做。這樣雖然是在強求國君做一些難做的事，但內心卻是以建造帝王之業來期待國君的。

北宋時期，范仲淹擔任宰相，當時的江蘇地區發生了一次小型叛亂，有一股叛匪進攻高郵縣。高郵知軍晁仲約見叛軍勢力很大，城內兵力不足，就不敢出兵抵抗，而是私下用重金賄賂叛匪，希望他們不要攻打高郵。叛匪拿到錢後，果然守信用，就離開高郵，去打其他縣府了。

不久後，這件事就被朝廷知道，宋仁宗和大臣們都很憤怒，宋仁宗更是氣得要殺了晁仲約。但是，當宋仁宗下達了處死晁仲約的敕令後，范仲淹卻不同意，還強勢地把敕令退給了仁宗，認為晁仲約雖然有錯，但不至於殺頭。

大臣們很不理解，范仲淹就解釋說，晁仲約雖然有錯，但其罪行並沒有達到殺頭的級別。而皇帝現在還年輕，以後如果殺成習慣、殺順手了，遇到誰不服從管理就殺頭，天下人豈不是要遭殃了？所以這個口子不能輕易開。

這就是對國君「閉邪」，國君做得不對，就要明確地指出來，諫言規勸，即使犯了龍顏惹怒國君也不退縮。這才是對國君真正的「敬」。

相反，如果臣子只知道逢迎國君，明知國君有錯，也不去匡正，這並不是對國君好，而是他們認為國君根本不中用，做不成什麼大事，這種行為才是在戕害君主。

再回到我們現在的生活和工作當中，你想要聽好話、聽奉承話很容易，幾乎每天都能聽到，但想聽到真正的意見和建議可能就沒那麼容易了。很多人都抱著明哲保身的態度，不涉及自己的利益時，根本不願意主動去「找麻煩」。在這種情況下，你不但不應該對指出你錯誤的人懷恨在心，反而應該心存感激。只要對方不是為了一己私利，或者故意為難你，那麼就算他提出的意見很苛刻、不好聽，甚至直戳你的痛點，你再氣惱，也不應該怨恨對方。要知道，在如今的社會中，能夠不為私利，真心為朋友指出缺點的人真的很難得。

再進一步說，如果你是一位領導，就更應該具有包容和接納別人指出你的錯誤的格局和寬容之心了。不僅如此，在選人用人時，你也不要光盯著那些只會說好話、經常恭維你的員工，而要盡量重用那些敢於給你提有益意見、提較高要求的員工，甚至是敢跟你對著幹的員工。如果你本身心胸狹窄，容不得不同意見的人，那你肯定留不住人，一些真正有才華的人也會因此而流失，公司發展也就成了一句空話。

有大人之事，有小人之事。且一人之身，而百工之所為備，如必自為而後用之，是率天下而路也。

——《孟子．滕文公上》

讓專業人去幹專業事

我之前曾在電視上看過一個名叫《大叔小館》的真人秀節目，由孟非、郭德綱等幾個人擔任嘉賓。他們在大理開了一家燒烤店，主要想通過真實的生活展示，呈現當地的美食文化。

剛開始有個試菜環節，就是幾個人各自展示一下自己的廚藝，做幾樣拿手菜。結果因為缺乏經驗，大家的拿手菜一個也沒拿出手，全都失敗了。後來大家一商量，乾脆從外面的燒烤店直接買回半成品的食材，自己只需要放在架子上烤熟就行了。

後來郭德綱總結了一句話，我覺得特別好，他說，購買半成品非常正確，而且是個很專業的行為。我們本身就是業餘的，甚至連業餘都不算，這麼業餘的人怎麼能做好燒烤這麼專業的事呢？

很多人可能覺得燒烤並不需要什麼專業，其實真不見得，不少燒烤店自己都不穿串，而是直接從專門穿串的廠家購買半成品。因為所有事情都親力親為的話，不但效率低，自己還非常疲勞，沒精力招呼客人，最後得不償失。

這就提醒我們，在做事的時候，要學會把專業的事留給專業的人去做，我們只需要做好自己擅長並且應該做的事就行了。否則，你不但做不好，還可能讓事情變得更糟。「聞道有先後，術業有專攻」，唐代的韓愈早就深諳此理了。

其實不只是韓愈，更早時代的孟子對此也十分清楚。在《孟子．滕文公上》中記載了這樣一件事：滕文公實施仁政，楚國一個名叫陳相的人來到滕國，歸附了滕文公。在看到滕文公的一些做法後，陳相就來拜訪孟子，跟孟子「吐槽」說，滕文公也算是賢君吧，但還不懂得真正的大道，要治理好滕國可能夠嗆。孟子就問為什麼呀？你是從哪兒看出來的呢？陳相就說，真正的賢君應該和百姓一起勞動，一起耕種，自食其力，早晚餐都要自己做，而不是讓百姓來養活自己。現在滕國倉庫裡存著糧食，府庫中存著貨財，這都是民脂民膏。這不是在損害百姓利益嗎？不然他怎麼能這麼富有呢？你看，最早的仇富心理就是從這時開始的。

陳相當時師從一個叫許行的人，所以孟子聽完他的話，就反問陳相說，那你的老師許行每天吃的糧食是他自己種出來的嗎？他穿的衣服、戴的帽子、做飯用的鐵鍋、種糧食用的鋤具，都是自己做的嗎？陳相回答說，糧食是老師自己種的，食物也是老師自己做的，但其他都是跟別人交換或買回來的，因為耕田的事很忙，老師哪有那麼多時間做這些事呢？

這時，孟子就拿出了自己的「撒手鐧」，說，既然你的老師不能一邊耕田，一邊織布、打鐵、製陶，那麼國君在治理國家時，怎麼就要一邊耕地一邊理政呢？「有大人之事，有小人之事。且一人之身，而百工之所為備，如必自為而後用之，是率天下而路也。」社會本來就該有分工，官吏有官吏的工作，百姓有百姓的事情，如果什麼都自己生產，那全天下的人都要疲於奔命，不能休息了。

不管是古代還是現代，任何人都不可能自己做完所有的事，陳相的想法其實還停留在原始社會。但社會是向前發展的，到了生活不斷豐富的今天，一件事情可能需要幾十個、幾百個人共同合作才能完成。比如我們買一輛車，你很難說清這輛車是中國造的還是日本造的，因為現在幾乎百分之七十的國際貿易都是零部件貿易，這輛車雖然在中國組裝，但零部件卻是從全世界各地運過來的，各個企業、人員共同協作，各種技術匯集在一起，才造出一輛完整的汽車。

我們在經營自己的人生時也是如此，雖然我們可能會做很多事情，但不可能一個人幹完所有的活。你可能很會做飯，卻不一定懂得種菜；你也可能很懂投資，卻不一定懂技術。馬雲就曾經表示，有人說他不如馬化騰和李彥宏那麼懂技術，由此認為阿里巴巴的技術最差，實際上，正因為自己不懂技術，他更願意把最懂技術的人招致麾下，為己所用。而且在技術人員做決策時，他也不橫加干涉，而是大膽授權，給予他們極大的信任和支持。

做任何事就應該具備這樣的意識，知道自己能力有限，有很多事是做不到的，即使勉強去做也做不好，與其如此，倒不如直接找專業人士來做，這樣才能把事情做得更專業、更到位。

但是，現在很多人都沒有意識到這一點，比如一些公司領導就是如此，包括我自己在剛剛創業時，也犯過類似的錯誤。那時我和其他老闆一樣，對員工做任何事都不放心，每件事都想親力親為、參與「指點」一下。但後來我發現，員工因為久居一線，很多方法、策略比我的更好。這就讓我意識到，必須讓專業人去做那些專業事，很多時候他們的專業技能遠遠強於我。我要做的，應該是用恰當的方法調動他們的積極性，讓他們更好地發揮自己的專業能力，而不是事事親力親為，最後不但自己疲憊不堪，事情的結果也不見

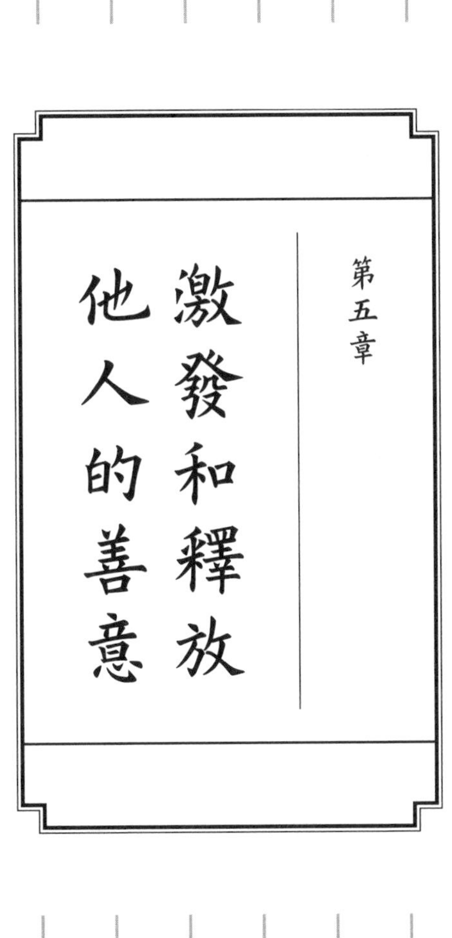

第五章

激發和釋放他人的善意

天時不如地利，地利不如人和。

——《孟子．公孫丑下》

「人和」是成功的最高要素

我講過一本書，是宮玉振教授寫的《善戰者說：孫子兵法與取勝法則十二講》，其中提到，行軍打仗最重要有五件事，分別為天、地、道、法、將，也稱「五勢」。其中，「天」是指天時，也就是打仗時所處的時機，這也是最難把握的東西，不確定性很大；「地」是指地利，即你所佔據的地勢，比如在高一些的位置安營紮寨、周圍要有水源等。而「道」「將」「法」三者就是指人和，其中，「道」是指上下一心，放在企業中就是指使命、願景和價值觀；「將」是指將領、領導；「法」是指軍法，也就是領導水平。全軍上下一心，團結一致，將領指導有方，再有天時、地利的輔助，你的仗就可以打贏了。

但是，天時和地利對戰爭的影響並非一朝一夕，有很多還是我們人力無法左右的，打勝仗的關鍵還在於當下能夠發揮作用的，也就是人和。即使天時地利都滿足了，敵人一來，大家紛紛棄城而逃，那就是人心不齊，照樣失敗。所以孟子總結了一句非常經典的話，就是「天時不如地利，地利不如人和」。

孟子為了證實自己的這個觀點，還進一步進行了論證，以突出「人和」對戰爭的重要性，比如「得道者多助，失道者寡助」。你是不是真的能得到大家的支持，來自你是否合乎道，也就是你的使命、願景、價值觀是不是跟廣大人民群眾的方向一致。如果你的「道」不合乎大家的「道」，那你就會失去支持，不會有人願意幫助你，甚至會「親戚畔之」，連身邊的親人都反對你。反之，你的「道」跟大家的「道」一致，那麼幫助你的人就多，當幫助你的人多到極點，天下人都會順從你。

大家如果看過《淮海戰役》這部電影，應該記得，在淮海戰役結束後，陳毅元帥說了一句特別有名的話。他說：「淮海戰役的勝利，是人民群眾用小車推出來的。」因為戰爭需要很多糧食補給和彈藥補給，而我軍的交通運輸工具難以完成這項任務，所以老百姓就把自己家的小車都推來，一車一車地向前線運送物資。這就是「多助之至，天下順之」。

當然，古往今來，也有很多因違背人和而招致失敗的案例。

明末李自成起義，在打到北京之前，李自成的部隊一路上所向披靡，因為他打的是「闖王來了不納糧」的旗幟。老百姓一看，不用交納糧食呀，那太好了，自己終於有救了，於是紛紛打開城門，讓起義軍入城。

哪知道李自成進入北京之後，一切都變了，不但自己搬進皇宮，坐上了皇位，還縱容手下洗劫了北京城，結果僅僅在城中待了四十二天，就不得不棄城而去。

人生如戰場。一個人要想做點事情，並且做成事情，同樣也需要講究天時、地利、人和。其中，天時就相當於你所處的外部大環境、大趨勢。地利，我們可以理解為你所處的地域或所在的行業，比如你能否利用當地的地理因素，充分利用本地資源，發揮地方優勢，培養自己的核心競爭力，等等。

最後一點，也是最重要的，就是人和，它所代表的是你所擁有的人心、人與人之間的吸引力。一群能夠相互吸引，有著相同的使命、願景和價值觀的人聚在一起做一件事情，這件事情做成的概率就會高很多。

總有人問我樊登讀書是怎麼做起來的。其實早在二〇一七年我就說過，樊登讀書的每一個成功決策背後，都源於一本書的支撐，這本書就是《反脆弱》。反脆弱的含義是說：每個人、每個組織都要學會在不確定的事注定會發生的前提下，依然能夠受益的能力。它背後的邏輯是：一個母系統的穩定性是建立在子系統的不穩定性之上的。具體到一家公司而言，就是這個公司要寬容甚至支持「快速失敗」，也就是用最小的成本不斷嘗試，然後去獲得一個更大的預期，用盡量少的嘗試去獲得無限可能的收益。

所以，在樊登讀書中，我們的每個員工都有充分的創業權利，公司也願意盡可能對他們提供幫助，激發他們的創業心和創造力。

說起來你可能不相信，樊登讀書擁有三百多名九〇後員工，但幾乎沒有人跟我談論過福利待遇等問題，原因就在於他們都知道自己正在做一件極有意義的事。他們希望集團變得更加強大，有朝一日他們也能自己創業，成為樊登讀書生態圈中的一個生命體。

這就是「人和」的一種體現。倘若一個人、一個公司能把其中的每個人都調節到創業者或創始人的狀態，所有人的力量都擰成一股繩，共同為一個目標的實現而努力，那麼這就會成為這件事最終成功的最高要素。

王如施仁政於民，省刑罰，薄稅斂，深耕易耨；壯者以暇日修其孝悌忠信，入以事其父兄，出以事其長上，可使制梃以撻秦楚之堅甲利兵矣。

——《孟子・梁惠王上》

團隊精神是無敵的

我們都知道掉隊的淒涼，不管是人還是動物，一旦掉隊，都會形單影隻，其間遇到困難甚至危險，也沒有伙伴幫忙。而那些南飛的大雁之所以可以飛越千里，並不是因為牠們自身有多厲害，而是由於牠們能夠團結在一起，目標一致，群策群力，最終完成難以獨自完成的遷徙。相反，那些掉隊的獅子、狼等凶猛的野獸，即使自己本身很強大，遇到敵人時也可能會被殘忍地吞噬。

在生活和工作中也是這樣，有時我們就像是其中的一隻隻大雁、一頭頭獅子，在做事時，如果大家能組成一個團隊一起做，並把團隊力量發揮到極致，不但可以增強自己的力量，還可以讓整體實力變得強大，完成一個個高目標，這些目標甚至會超出團隊中每個人的期望。

所以，想要做成大事，就要學會尋找幫手，或者組建高效能的團隊，增強團隊中每個人的精神和凝聚力。大家群策群力，才更容易把事情做好、做成。

孟子在跟梁惠王對話過程中，也提出了團隊的重要性。他認為，國君如果能對老百姓施行仁政，減免賦稅，深耕細作，讓成年人能抽出時間修養孝順、尊敬、忠誠、守信等品德，在家跟自己的父母兄弟友好相處，出門時能尊敬長輩上級，就算是你讓他們拿個木棍去打仗，他們也能打敗秦國、楚國的堅甲利兵。

在孟子看來，治理國家還是要實施仁政，發展生產，增強老百姓的勞動積極性。只要老百姓團結一心，那就是無敵的。這是孟子的想法。

不過對於孟子的這種觀點，從技術角度來講我是不太認同的。秦國大量使用弩，弩的最大好處是什麼呢？我之前曾講過一本書，叫作《技術與文明》，其中提到，弩的好處是使用者不需要經過什麼訓練，就算是普通老百姓，你發給他一支弩機，他也能直接上戰場打仗。所以，秦朝的耕戰制度與弩的結合使用，就使得它的戰鬥力非常強大。

從技術層面來說，孟子說你讓老百姓拿根木棍就能把秦國、楚國的軍隊打退，這是不太現實的，但孟子提出的團結的觀點卻是非常正確的。老百姓團結，有士氣，有信心，確實能夠增強戰鬥力。而且從更長遠的角度看，一個國家的勝利也一定來自本國老百姓的生活狀態，老百姓生活狀態好，幸福指數高，國家就會更加團結，更加有力量。那些堅船利炮可能會暫時讓這個國家的戰鬥力處於強勢地位，但長期來看，讓老百姓過上好日子，調動老百姓團結合作的積極性，才是最重要的。畢竟再有力的手指，也比不過拳頭！

我們做事情也是這樣，一個人的力量再強，技術再精湛，也比不上一個團隊的群策群力。我在讀《匠人精神》這本書時，就曾深深地被秋山利輝一

我認為，關鍵就在於「領頭羊」能夠隨時向團隊成員傳達團隊的目標，讓大家知道自己到底在為什麼而努力。而在傳達目標時，任何一個需要反饋的時機，都是我們打造團隊精神的好機會。因為這個時候，大家都很期待自己的問題能得到解決，對領導者給予的反饋和提出的建議也會認真傾聽、積極接受。長此以往，大家與團隊的關係就會日益密切，團隊凝聚力也會越來越強。

君仁莫不仁，君義莫不義，君正莫不正。一正君而國定矣。

——《孟子・離婁下》

領導是團隊風氣的締造者

小品《賣拐》中有這樣一句台詞：「同樣是生活在一起的兩口子，做人的差距咋就這麼大呢？」雖然這只是小品中的一句玩笑話，卻也十分真實，畢竟藝術來源於生活。現實生活中，人和人之間的確存在著不同程度的差異，這就導致在面對同樣一件事的時候，每個人的選擇和最後的結果也會有所不同。

孟子也曾講過這個道理：「君仁莫不仁，君義莫不義，君正莫不正。一正君而國定矣。」就是說，君主之間也會有所差異。同樣是治理國家，如果君主施行仁義，那麼這個國家的所有人都會仁義；如果君主正直，那臣民也都會很正直。反之亦然。也就是說，君主是一個國家社會風氣的締造者，君主是什麼品行，這個國家就會是什麼風氣，所謂「上行下效」就是這個道理。

春秋時期，齊國國君齊桓公非常喜歡穿紫衣服，臣民們得知此事後，競相仿效，也開始趕時髦穿起了紫衣服。一時間，供不應求，齊國紫貴，甚至幾匹白布都換不回一匹紫布。

齊桓公為此很擔心，就對國相管仲說：「現在全城人都喜歡穿紫衣服，導致紫色布料一匹難求，如何阻止這種風氣呢？」管仲回答說：「如果您真想制止這種風氣，很容易，只需做好三件事就可以了！」齊桓公便問是哪三件事。管仲回答說：「第一件，您不要再穿紫衣服，這樣臣民們就不會再效仿了；第二件，如果有穿紫衣服的侍衛走近您，您就說：『離我遠點，我受不了紫衣服的氣味。』第三件，如果有大臣穿紫衣服上朝，您就對他說：『往後退，我實在受不了紫衣服的氣味。』」

齊桓公照此行事，果然在一段時間後，齊國境內再也沒人穿紫衣服了。

從這個小故事可以看出，作為一個國家的領導者、一個團隊的領袖，或者是一個具有社會影響力的公眾人物，一言一行、一舉一動都要謹慎一些，要考慮到對整個團隊乃至整個社會風氣的影響。

孔子在《論語》中也說過類似的話：「子為政，焉用殺？子欲善而民善矣。君子之德風，小人之德草。草上之風必偃。」孔子不理解，君主為什麼總是用殺人的辦法來管理國家呢？只要君主去行善，百姓就會跟著你一起行善。君主的品德就像風一樣，下面人的品德就像草一樣，你只要自己風氣好，草就會跟著你這陣風一塊兒走。

如果把這個道理引申到我們現在的生活當中，你會發現，一些社會風氣、企業風氣等問題，根源其實在領導者身上。不管是整個社會，還是一個企業，它都是個有機整體，而領導者的行為會對下面的人造成很大的影響。領導者只有做出好榜樣，才能起到帶頭表率作用，進而有效地影響和激勵下面的人。比如，領導者要用自己的行動展示給下面的人看，把「按我說的做」改成「按我做的做」，就能起到積極的示範作用，在社會上或企業中形成良好的風氣。

那麼，作為一個領導者，如何判斷社會或企業的風氣好不好呢？很簡單，你只需要看看周圍的人是如何相處的就能找到答案了。

孔子有一句話，叫「舉直錯諸枉，能使枉者直」。意思是說，如果領導者從一群人當中把那些正直的人提拔起來，那些不那麼正直的人受身邊正直風氣的影響，慢慢也會變得正直起來，這樣周圍的風氣就會變好。

我以前讀過一本關於領導力的書，叫作《哈佛商學院最受歡迎的領導課》，書中提到了領導者保持言行一致的重要性。領導者如果每天都在跟下面的人講價值觀，其實沒什麼實際效果，因為大家看的都是領導者的行為表現。比如，領導經常提拔的是哪一類人，如果是那些阿諛奉承之輩，久而久之，整個團隊都會充滿歪風邪氣；如果是那些正直、肯幹、三觀很正的人，周圍的風氣自然就會越來越好。

實際上，當你走上領導崗位之後，不論你領導多少人，大家都會把你當作標竿，觀察你的一言一行，模仿你的所作所為。所以，你要做的就是扛住壓力和誘惑，主動成為大家的典範，以身作則，成為團隊風氣的締造者，這樣才能帶領大家走向更美好的未來。

好善優於天下，而況魯國乎？夫苟好善，則四海之內，皆將輕千里而來告之以善。

——《孟子·告子下》

「好善言」，才能贏得人心

經濟學裡面有個非常重要的現象，叫作劣幣驅逐良幣，說的是貨幣在流通過程中，良幣被劣幣取代，繼而退出流通市場。而廣義上的劣幣驅逐良幣現象就更多了，比如在一家公司中，一個部門內部的工作分工其實並不是很細緻，於是不可避免地出現這樣的場景：有的人工作做得多，有的人工作做得少，但薪資待遇卻相差無幾。於是，那些習慣偷懶的人感覺這份工作很輕鬆，自己只要做做樣子，就能拿到跟別人差不多的薪水；而每天辛苦工作的人則感到不公平，自己明明比別人努力，卻只能跟他們拿一樣的薪水。更可氣的是，雖然有的人真的很努力，有的人就是在裝努力，可在領導眼中，大家的工作狀態都是一樣的。

所以，職場上就出現了這樣一種狀態：努力工作的員工要麼辭職，去換更滿意的工作；要麼也像那些不勞而獲的人一樣，每天假裝很努力。試想一下，這樣的公司能發展多好呢？

再比如，在乘坐公車時，那些規規矩矩排隊的人總是會被擠得東倒西歪，人多車少的時候，可能幾趟車過來都上不去，倒是那些不遵守秩序的人，常常能捷足先登。結果，最後遵守秩序排隊上車的人越來越少，車一來，大家都一窩蜂地向前擠，如同打仗一樣，苦不堪言。

以上這些都屬於劣幣驅逐良幣的現象。這種現象放在生活當中，還凸顯出一個重要問題，就是我們在做事時，究竟怎樣才能贏得人心，贏得更多人的幫助？

這個問題在我的《可複製的領導力》一書中可以找到答案。在這本書裡我曾經提到，很多企業當中，領導者都是靠「威嚇」來管理員工的，但我認為這不叫管理，應該叫「管束」。管理的核心，應該是發自內心地尊重和信任員工，平等地對待員工，虛心地接納員工的意見，讓員工得到應有的尊嚴。你能做到這些，員工內心自然會感動，也更願意跟你同甘共苦，一起為企業的發展努力。這不就像孟子曾說的「好善優於天下」嗎？你願意聽取善言，同時懂得尊重他人，那治理天下都是綽綽有餘了，更別說贏得人心了！

當時，孟子正好聽說自己的學生樂正子要到魯國從政，高興得睡不著覺，這可是很少見的情況，所以他身邊的學生就問他，先生為什麼聽說樂正子要去魯國執政就這麼高興呢？難道是因為樂正子能力強、有謀略、見多識廣嗎？孟子回答說，這些都不是最重要的，最重要的是樂正子「好善」，有這一點就足夠了。「夫苟好善，則四海之內，皆將輕千里而來告之以善。」一旦為政者喜歡聽取善言，不但身邊的人工作積極性高，就是四海之內、千里之外的人，也都願意來投奔他，向他貢獻自己的才能。治理好一個國家，從來不是靠為政者一個人的能力、智慧和學識，而是靠很多有識之士一起提供意見和建議，集思廣益，才有可能把國家治理好。

同樣的道理放在今天來說，一個人的成功，也從來不是因為自己一個人的能力有多強，而是因為你的身邊聚集了很多能力強的人。這些優秀的人群策群力，才成就了你的強大。但是，要讓這些優秀的人才充分發揮自己的能力，你同樣要有德行、有操守、講原則，能夠看到他人的努力，願意聽取他人意見。相反，恃才傲物，妄自尊大，一聽到別人提意見，就一副不屑一顧的樣子，甚至嘲諷人家「你說的這些，我早就知道了，還用等你說！」，那就相當於把有才華的人拒於千里之外了。君子和小人是此消彼長的，君子少了，小人的數量自然就會增加，阿諛奉承、偷奸耍滑之徒便會蜂擁而至。這樣一來，你什麼事都做不成。

當然，孟子所謂的「善言」，並不是一般意義上的「好話」，而是指那些有益於治理國家的忠言。我們都說「忠言逆耳」，原因就是「忠言」大多是不太好聽的話，甚至是非常不好聽的話。在這種情況下，就體現出一個人的格局和素養了。真正能夠聽取「善言」的人，也必然是個有格局、有素養的人，懂得「以人為鏡，可以明得失」的道理，從而得到他人的幫助和支持。

從這個角度來看，樂正子應該真的是個「好善言」的人，這樣的人肯定不簡單，所以孟子聽說他執政後，才會高興得睡不著。

以善服人者，未有能服人者也；以善養人，然能服天下。天下不心服而王者，未之有也。

——《孟子．離婁下》

以善服人和以善養人

我的一位朋友是一家公司的老闆，有一天，他跟我說起這樣一件事：他通過渠道高薪聘請了一些重要部門的負責人，這些人到任後，品行端正，業績突出，工作表現非常出色，大家也是有目共睹。然而有個奇怪的現象，就是這些人所負責部門的員工似乎都不太願意或者根本不願意接受和服從他們的指令。這種現象令這位朋友十分費解，他就問我知不知道這是什麼原因。

在我看來，這個問題的根本原因就是心態使然。人性是極其複雜的，一個人的人格魅力、自我修養、示範作用及其所帶來的感召力，都與他給身邊的人帶來的感覺和評價有著千絲萬縷的聯繫。比如說在一家公司當中，計畫、組織、指揮、協調、控制，這五個關鍵要素哪個都不能自動運轉，都離不開人去發揮效能。同樣，一家公司的人員是否穩定、隊伍是否團結，也不能單靠制度和企業文化的約束，而完全離開人性的驅使。

但是，有些人就是喜歡站在道德的制高點上，用道德說教壓制其他人，說白了，這是你想讓人家服從你，而不是人家主動服從你。仁善之心有兩個遞進關係，一個是出自本心地對別人善良，另一個是通過自己的修養，教化他人同歸於善，能做到後者的，絕對不是刻意，而是純粹。

在孟子的作品中，對「善」的界定也進行了遞進式的描述。他認為，以善服人和以善養人是有根本區別的，「服」和「養」之間有一個潛移默化的過程。通俗地講，大多數人都會認為，有人比我心地善良，但我是不會服他的，因為拿自己的善良讓別人服從，這本身就是一種不經意間的驕矜心態，會讓人感覺是表面上的「偽善」，反而起不到很好的效果。但是，通過薰陶和循循善誘，讓我同他一起變得一心向善，我是絕對服他的，這是真正的心服，而不是偽善和獨善。

《三國演義》裡最精采的篇章之一，就是諸葛亮七擒孟獲。雖然孟獲七次被諸葛亮擒住，但諸葛亮還是要放走他，這才終於讓孟獲傾心歸降，並說道：「公，天威也，南人不復反矣。」這就是典型的「以善養人」。後來的史實也表明，諸葛亮的這種「以善養人」的行為是完全出自本心的，他在孟獲歸降、蜀國軍隊班師成都後，對南中地區並未採取兩漢以來一貫的委任統治，而是充分保護地方權益，大膽起用當地少數民族的青年人才，以懷柔政策治理南方，使他們再也沒有發生過叛亂。這就應了孟子的那句話：「天下不心服而王者，未之有也。」天下人不心服而能稱王於天下的，還從來沒有過。

同樣是在《三國演義》中，劉備論武力比不過他的兩位結義兄弟，論智謀比不上曹操和諸葛亮，還動不動就以淚洗面，可是他憑什麼能成為領袖呢？是仁義。劉備這個角色，真的是把孟子「仁者無敵」的抽象思想體現得淋漓盡致。當然，這也並不是作者完全憑空想像的，史書《三國志》的作者陳壽就曾評價劉備「弘毅寬厚，知人待士」。裴松之對《三國志》的註解也提及劉備的話：「今指與吾為水火者，曹操也。操以急，吾以寬；操以暴，吾以仁；操以譎，吾以忠。每與操反，事乃可成耳。」

你看，劉備用很淺顯的逆向思維就明確了自己的初心，這樣的人，本心就是向善的。有些人對劉備也持不同意見，比如有人認為劉備很「裝」，動不動就哭哭啼啼，有故作姿態的嫌疑。據統計，劉備在全書一百二十回裡出現了八十五回，哭了三十多次，兩三回就得哭一次。但是，你仔細想想會發現，那並不是偽善，而是一種共情。他的軍師龐統戰死了，他會哭上幾天；他的「謀主」法正病死了，他也會傷心落淚很久；他在劉表處寄人籬下，慨嘆自己久不騎馬，髀骨生肉，也會暗自落淚，這總不是為了收買人心吧！

總之，我認為劉備的哭是一種共情，也是一種真情善良的顯露，是孔孟儒家心性的刻劃，劉備是真誠的。在三國時代，很多傑出的英雄一直追隨劉備，也是劉備「以善養人」的真實寫照。就連他最強大的對手，對他的評價

今有受人之牛羊而為之牧之者，則必為之求牧與芻矣。求牧與芻而不得，則反諸其人乎？抑亦立而視其死與？

——《孟子·公孫丑下》

遠離責任病毒

我們都聽過這樣一句話：「不在其位，不謀其政。」反過來說，就是「在其位，謀其政」，你站在某個崗位上，就該做好這個崗位該做的事，承擔起這個崗位該承擔的責任，否則便是瀆職。

但是，我們總會發現，有些人在做事時特別容易把責任搞混淆，不該自己負責的，偏偏要把責任攬到自己身上，讓自己承擔了過多的責任；本來是該自己負責的，又愛推卸責任，把自己變成了一個不負責的人。於是，好人好事便在不知不覺中變成了壞人壞事，最終既影響了人際關係，又影響了事情的順利推進。

看過《三國演義》的朋友都知道，諸葛亮是一個超級負責的軍師，蜀國上下大大小小的事務，他都要參與管理。劉備在位期間，蜀國的五虎上將——關羽、張飛、趙雲、黃忠、馬超，個個驍勇善戰，獨當一面。劉備死後，雖然有後主劉禪繼位，但蜀國基本由諸葛亮全盤管理。

在今天看來，諸葛亮的工作態度簡直無可挑剔，真的是鞠躬盡瘁，死而後已。但我們也看到，諸葛亮去世之後，蜀國已到了「蜀中無大將，廖化作先鋒」的地步，根本無人可用。其中最重要的原因，我認為就在於諸葛亮平時管得太多了，既管理朝中事務，又要代替將軍決定戰局走向，哪怕不在戰爭現場，也要遙控指揮千軍萬馬。在這種情況下，蜀國那些原本該承擔自己責任的君臣、戰將，根本就沒有了承擔責任的壓力，自然也無法真正成長起來。

在今天看來，諸葛亮的做事方式就屬於不在其位也謀其政了，屬於重大缺陷。同樣，還有一些人，明明在其位，卻不願或不能承擔起自己的責任。

比如，孟子有一次到齊國平陸考察時，就問平陸大夫孔距心：「如果你這裡負責保衛的人一天三次失職，你會開除他嗎？」孔距心回答說：「哪裡還用三次，一次我就把他開除了！」孟子接著說：「那你失職的地方可太多了！凶年飢歲，你這裡的老百姓，年老體弱的餓死在了山溝裡，年輕力壯的就跑到外面逃荒去了，這些人幾近千人了。」可是孔距心卻攤攤手，回答說：「這個不是我能解決的呀！」

孔距心的意思是說，這都是國家體制的問題，不是我個人能解決的，天下就是這樣，我權力有限，你讓我怎麼辦呢？說白了，我就是個跑腿的，哪能解決這麼多的麻煩事兒！

但是，孟子卻給孔距心舉了個例子：假如現在有個人，接受別人的委託，替別人放羊，那他的責任肯定是找到草地，讓羊吃飽。如果找不到草地，也得找來草料餵羊，想辦法讓羊活下去。如果找不到草地，也找不到草料，那就應該把羊還給主人，而不是站在旁邊，眼睜睜地看著這些羊餓死。

孟子這段話的道理說得非常清晰：你能幹就好好幹，不能幹就讓位，別站在位子上還不幹實事，白白拿人家的工資。你既然拿了國家俸祿，就得擔好自己的職責。而現在你當著官、拿著錢，怎麼能說老百姓餓死不是你的錯呢？

這段話說得孔距心啞口無言，連忙承認道：「這確實是我的罪過呀！」後來孟子又把這件事匯報給齊宣王，齊宣王也慚愧地說：「這是我的罪過呀！」但齊宣王是沒辦法讓位的，所以這件事最終也就無疾而終了。

儘管如此，孟子在這件事中還是闡述清楚了一件事，就是管理學當中的委託代理關係。孔距心相當於現在的職業經理人，作為職業經理人，面對管理中的問題時，你不能說我沒辦法，我做不到，因為我的上級就這樣。這是不行的。你的職責要求你必須在自己有限的範圍之內，盡力做出改革和突破，努力把自己分內的事做好。

關於這部分內容，大家可以參考一本書，叫作《責任病毒》。其實我們很多人在生活中都容易中責任病毒的招，比如說，我們身邊經常有這樣一種人，當你委託他辦一件事時，他就會說：「好，既然你相信我，那這個事包在我身上，接下來你就不要問了，否則你就是不信任我。」這個人就是中了責任病毒，因為他在為面子辦事，他覺得這個責任太重要了，一旦完不成，或者你來問他，會讓他很丟面子，諸葛亮就跟這種人很相似。還有一種人，你委託他辦點兒事，他有點兒問題就來問，什麼責任都不願承擔。這也是中了責任病毒，這種人就像孔距心一樣。

要避免責任病毒，最好的辦法就是「在其位，謀其政」，你在哪個位置上，就做好哪個位置的事，承擔起這個位置的職責。別人委託你辦事，你在辦事過程中，遇到問題可以找人商量、討論，但該做決定、該承擔責任時，就一定要敢於做決定，敢於承擔責任。這才是一個能夠承擔責任的人該有的心態和樣子。

心之官則思，思則得之，不思則不得也。此天之所與我者。先立乎其大者，則其小者弗能奪也。此為大人而已矣。

——《孟子・告子上》

推己及人，善待他人

我有位朋友在一家公司任高管，有一天和我聊天時說，他有個問題很困惑，想跟我交流交流。隨後，他告訴我，他一直覺得自己工作是很負責的，每天都會抽出時間巡視大家的工作，給大家開會，激發大家的工作積極性，但是大家的工作效率好像並沒有什麼明顯提高。他就問我：「我到底哪一步做錯了？」

聽到他這番話時，我很訝異，這都是多久以前的老套路了，他竟然還在用！抱著好奇心，我又詢問了另外幾個在公司裡做高管的朋友，結果發現，還真有不少人仍然在使用以前那些老舊的管理模式。在他們看來，要想提高大家的工作效率，就得嚴格一些，否則大家都不自覺，工作也就不能順利完成。

但是在我看來，這套方法早就應該被時代淘汰了，因為在公司當中，並不是你每天監管著員工，員工就能認真工作。員工的身心不是你能操控的，只有他們自動自發，自願工作，才能提高效率。

我們都知道，眼睛和耳朵是我們用來感受外界的重要器官，我們會用眼睛去觀看世界上所有的景色，用耳朵去聆聽世界上所有的聲音。但是在公司裡，如果你僅僅是用眼睛去看，用耳朵去聽一切事物的話，是根本不可能全面了解員工的。因為你所看到的、聽到的，可能只是員工在你的監管之下刻意表現出來的一些麻痺你感官的假象而已，而真實的狀況其實與你所了解的相距甚遠。

孟子曾經說過一段話：「耳目之官不思，而蔽於物。物交物，則引之而已矣。心之官則思，思則得之，不思則不得也。此天之所與我者。先立乎其大者，則其小者弗能奪也。此為大人而已矣。」意思是說，我們的耳朵、眼睛這類器官是不會思考的，所以它們也容易被外物的表象所蒙蔽。一與外物接觸，它們就被引向迷途了。而心這個器官的功能才是思考的，並且心一思考，就能尋求到事物的真諦，不思考便得不到。這個器官是上天特意賜予我們的。因此，我們應該先把這個重要的器官利用起來，多用心去思考，這樣才能透過事物的表象深入地理解它的本質。不讓那些次要的器官喧賓奪主，你才不會被引入迷途。這才是一個大人物該有的樣子。

很顯然，這裡的「心」並不是指人的心臟，古人認為心是思維、思想、情感的器官，只有「心」才能進行思考。現在來看，古人所說的「心」更像是一種帶動我們大腦思考的狀態，我們常說的做事要用心就是這個意思。

實際上，不管你是一個企業的高管還是普通員工，想要提高員工的工作效率，或者是讓別人幫我們做事，首先要做的就是用心思考，尋找真正能夠調動大家做事積極性的方法。比如，你是個管理者，那你就要用心想一下，甚至要推己及人，換位思考：員工都是普通人，有自己的工作目標和努力的條件。你自己能夠每天精神抖擻地工作，那是因為公司的發展與你自身的利益息息相關，公司發展得越好，你獲得的回報就越豐厚。但是作為員工，大家工作的目的就是生活，即使他們跟你一樣努力，獲得的報酬可能也十分有限。在這種情況下，你怎麼能要求員工要和你一樣努力呢？

同樣，作為普通人，如果你想讓別人幫自己辦事，那也要換位思考一下：對方幫你做這件事能體現出什麼價值，或者獲得什麼好處？如果這些都沒有，你為什麼要求對方積極地幫你辦事呢？

明白了這個邏輯後，我們就知道了，想要讓員工好好工作，提高效率，或者想讓人幫我們辦事，就要用合適的方法去激發他們工作或做事的熱情。比如針對員工，你可以採取績效制度、股份制度等，員工完成的工作越多，拿到的報酬就越多；員工幹得好，還可能獲得公司的股份，讓員工知道公司發展的好壞也是關係到自己的切身利益的。這樣的方式，才有可能讓員工真正自主地提高工作效率。

我們平時做事也是如此，如果想讓別人全心全意地幫我們做事，我們不但要尊重對方、信任對方，更要善待對方，必要時甚至要把對方的利益和我們的利益捆綁在一起，一損俱損，一榮俱榮。大家都能推己及人，一起努力，最後才有可能都獲得可觀的利益；相反，你天天只想讓對方付出，卻不願意把利益多分一些給對方，那誰會願意跟著你幹這種費力不討好的事呢？

夫天未欲平治天下也；如欲平治天下，當今之世，舍我其誰也？

——《孟子．公孫丑下》

用使命感凝聚人心

很多朋友都看過這樣一個故事：

一個記者見三個建築工人正在工地上工作，就走過去分別採訪了他們。記者問第一個工人：「請問你現在在做什麼？」回答：「我在砌牆。」記者又問了第二個人同樣的問題，回答：「我在建房子。」記者又問了第三個人，回答：「我在建設一座美麗的城市。」幾年後，記者跟蹤採訪，發現第一個人依然是建築工人，第二個人成了建築設計師，而第三個人已經是一個房地產公司的老闆了。

這個故事說明了什麼？說明人對事物的認知不一樣、格局不同、使命感不同，人生走向也將大不相同。就像馮侖曾經說過的一句話：「我研究過很多賺了錢的人，後來發現賺最多錢的人實際上是追求理想、順便賺錢的人。但是，他們順便賺的錢卻比追求金錢、順便談談理想的人要多。」

說起使命感，很多人覺得這就是個口號，是距離自己很遠的東西。其實，每個人在做事時都應該擁有自己的使命感，而使命感也是一種能夠幫助我們堅持把一件事做下去、做成功的偉大力量。

舉個例子，大家都熟悉的華為，這個名字就是帶著「中華有為」的目標和夢想而出現的。創業之初，即使華為遭受了無數重創，創始人任正非先生仍然堅持「中華有為」。因為當時的通信產業幾乎完全被國際巨頭所主導，而任正非所堅持的，就是想讓國際通信行業中有中國的企業。這就是一種使命感。帶著這份使命感，華為才擁有了今天的成就。

再比如我創立的樊登讀書，我們的使命是幫助三億中國人養成閱讀習慣，通過知識的傳播改善自我，造福社會。這種使命感也讓我們讀書會中的每一個員工都可以通過一本本書的解讀和知識的傳播，把這一目標播種到越來越多的人心中，讓讀書會變成一場品牌、代理商、粉絲多方參與的共情與共謀。所以，我現在經常跟員工說，我們真的是一個有使命感的讀書會。

關於使命感，不光我們現代人做事、創業時應該重視，古人也非常重視。在《孟子》當中就記載了這樣一件事：孟子在齊國沒能實施自己的仁政，失望地離開了齊國。路上，孟子的弟子充虞見老師悶悶不樂，就說：「老師之前不是跟我們講過，不怨天、不尤人嗎？現在離開怎麼不高興呢？」

孟子回答說：「此一時，彼一時呀！以前我只做學問，欣然自得，但現在我卻希望自己能夠輔世安民，施展抱負。按照時勢來說，五百年就會出一位聖人，現在還沒出現，大概是上天還不想讓這天下太平吧！但如果要平治天下，在當今這個世界上，除了我，還能有誰呢？」

我當時在讀這段內容時，就有些不理解，孟子為什麼會這麼自信，覺得天下的問題就是自己的責任呢？與孟子同樣自信的還有孔子，孔子在《論語》中多次強調，就算是有人要害自己，他們也害不了，因為自己是帶著天命的人。甚至還有儀封人（鎮守邊疆的小官吏）專門請求拜見孔子，至於見面後兩人說了什麼，《論語》中並沒有記載，但儀封人拜見完孔子出來後，卻對孔子的弟子們說了一句話：「天下之無道也久矣，天將以夫子為木鐸。」他把孔子比作木鐸，意思是說，天下無道已經很久了，上天將會通過夫子（孔子）來喚醒世人。

我就在想，這些人為什麼會這麼自信，認為自己就是那個上天派下來教化民眾，讓世間無道變為有道的人？後來我明白了，這就是一種自我強大的使命感。正是這種強大的使命感，促使他們以「捨我其誰」的自信，以「欲正人心」的擔當和責任，到各個國家去遊說諸侯，推行自己的仁政王道。雖然最終他們的理想破滅了，但歷史卻證明，孔子、孟子的思想至今仍然熠熠生輝，影響著人類歷史的發展。

回到我們現在做事的問題上來，如果我們在做任何事情時，都能讓自己和團隊中的每個人產生一種使命感，那麼我們就會對自己所做的事情產生更多的責任感。稻盛和夫曾說過，一個人只有同時具備了使命感和責任感，才會充滿激情地投身到自己所從事的事業當中。而想要把事情做得更好、更完美，也只有我們和團隊人員都能積極主動地參與到事情當中，並為了共同目標相互團結成為一個牢固的集體時，才有可能讓目標變成現實。

乃若其情，則可以為善矣，乃所謂善也。若夫為不善，非才之罪也。

——《孟子・告子上》

激發人性中的善意

現代管理學之父彼得・杜拉克說過，管理的本質就是激發和釋放每一個人的善意。我認為，這不光是管理的本質，也是我們為人處世的本質。做任何事，都應該以人為中心，以人為出發點和落腳點，做到面向人、尊重人、理解人、培養人。

一直以來，孟子都主張人性本善，但總有一些好事者拿告子的「性無善無不善也」、「性可以為善，可以為不善」、「有性善，有性不善」這三個觀點來質疑，孟子的弟子公都子有時感覺很困惑，就來跟孟子探討這三個觀點。

實際上，這三個觀點都是告子的理論。他認為，人性會隨著周圍環境的變化而變化，就像把水注到容器裡，容器是什麼形狀，水就是什麼形狀。這是第一個觀點。其次，他還認為，人性是沒有規律的，可以好，也可以不好。這是第二個觀點。此外，告子還拿周文王和周武王來舉例子，說「是故文武興，則民好善」，周文王和周武王興起來的時候，老百姓也變得很善良，人與人之間變得和氣了；而「幽厲興，則民好暴」，到了周幽王、周厲王的時候，社會環境就變得很惡劣了，周幽王貪婪腐敗，周厲王暴虐成性，他們的老百姓也變得很凶殘、愛打仗。所以，他提出第三個觀點，就是「有性善，有性不善」，有的人的性是善的，有的人的性是不善的，這是有區分的。他還以堯舜來舉例，「是故以堯為君而有象」，堯為君的時候很英明，結果竟然還有象這樣的壞人出現；而「以瞽瞍為父而有舜」，雖然有瞽瞍這麼不善的人，卻生下了舜這樣善良的兒子。為什麼會這樣呢？因為象和舜的本性不一樣，象的本性就是不善，舜的本性就是善。

公都子跟孟子講完上面這三個觀點後，就對孟子說：「今曰性善，然則彼皆非與？」您總是說人性本善，難道前面說的這些觀點全都是錯的嗎？

孟子見自己的弟子沒有開竅，就回答說：「乃若其情，則可以為善矣，乃所謂善也。」意思是，只要你順著人性本身走，就可以做到善。這才是孟子所說的性善。

回到我們的現代生活當中，我們與人相處、與人共事，也同樣要順著人性本身走。我們與之共事的對象是人，所以所有行為都離不開對人性的思考。只有順應人性，學會激發人性中的善意，才能讓事情變得簡單，變得更容易解決和處理。

我以前講過《梁漱溟先生講孔孟》這本書，在「性善論」這部分內容中，梁漱溟先生指出，人性本身是可以為善的，這是一種將然的狀態。所以，只要你願意朝善的方向去引導他人，人性本身自然就可以做出很多善的事來，這也是孟子想要成功推行仁政的一個非常重要的理論基礎。你想想看，如果國君推行仁政，但是人心都很壞，那麼仁政肯定就沒辦法施行，因為大家都不想做善事嘛！要想成功地實施仁政，前提一定是人性本善，大家都願意做善事，這時仁政才有可能被推行。「若夫為不善，非才之罪也」，如果有些人做了壞事，那不是他天賦資質的錯。也就是說，這些人並不是天性就喜歡做錯事，而是受後天某些因素的影響，才做了錯事。

實際上，如果我們自己首先做一個善良的人，然後再去引導人們看到更多美好的事物，是完全可以激發出人性中的善的。我之前讀過一本書，叫作《人性中的善良天使》，裡面寫道，人天生愛打架、會殺人，但其實人性中真的有一個善良天使。

這裡面有個實驗很有趣，就是證明人性中真的有善良天使這種東西。心理學家先找來兩個人，告訴其中一個人說，我要讓你們兩個人參與我的實驗，這個實驗中有兩份工作，一份是計數，就是在對方做一個動作時，你記一下數就行了；另一份工作是做數學題。現在，請你來分配工作，但最終給你們兩人的報酬是一樣的。

很顯然，計數比做數學題要簡單得多。於是，這個人就給自己分配了計數的工作，而給另一個人分配了做數學題的工作。而當實驗者問這個人，你覺得這樣做公平嗎？他回答說「公平」，並且給出了一定的理由。但是，當實驗者又找來第三個人，請他來評價一下這兩份工作的分配是否公平時，第三個人的回答是「很明顯不公平」。

所以你看，當站在第三者的角度看這個問題時，就能看出是否公平；而當事人深陷其中時，就覺得自己這麼做沒什麼錯。那麼，這是不是就說明人性中沒有善良天使呢？

接下來，實驗者又出了一道題，讓這個人在很短的時間內記住一長串的數字，如果記不住，實驗就算失敗，他就拿不到那份報酬。這時實驗者問他，你現在覺得自己做的事公平嗎？他的回答是「不公平」。

為什麼自己選擇簡單的工作時，他會覺得公平，而讓他做複雜的工作時，他又認為不公平了呢？

原因就在於，當他不需要做很難的事情時，他是在用自己的功利性計算得失，而不是憑本性和良知在做這件事；而當他自己要做更艱難的事情時，他的第一反應才是內心真正的想法。在禪宗中，這種方法叫作「打斷你的意識流」，而實驗者就是想用一個更難的工作來打斷這個人的邏輯思維，打破他自我辯護的方法，讓他用本來的天性說出實話。這就是人性中的善良天使，也就是王陽明所講的：我們每個人心中自有一個良知在。

所以你看，每個人的頭腦中都存在一個真相，那就是人性中的善。如果能激發出一個人人性中的這份善意的良知，再去與之做事，是不是就能在彼此間多出一分真誠、減少很多算計呢？

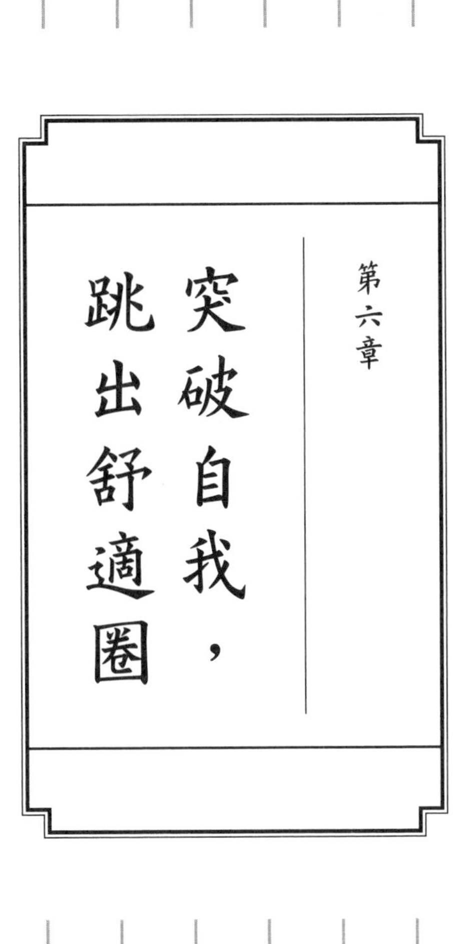

第六章

突破自我，跳出舒適圈

故湯之於伊尹，學焉而後臣之，故不勞而王；桓公之於管仲，學焉而後臣之，故不勞而霸。

——《孟子．公孫丑下》

多與比自己強的人打交道

在做事時，如果我們想把事情做得更好、更完美，除了自身努力和機遇，還離不開一個重要因素，就是你身邊的人對你的幫助和支持。互聯網時代的社交生活，就是一種典型的圈子文化，你想要提升自己，就要進入不同的圈子，多跟比自己強的人打交道。與強者並立，你才能永遠保持虛心，並且滿懷鬥志，不會輕易倦怠。

但是，現在很多人不願意這樣做，或者受自身局限性的制約，不喜歡跟比自己強的人交往共事，反而喜歡找那些學識、能力、眼界等都不如自己的人在一起，認為這樣的人容易管理，或者什麼都願意聽自己的，能讓自己有掌控感。而事實上，這恰恰限制了自己能力的提升。

在《孟子．公孫丑下》中有這樣一篇小故事：

孟子在齊國期間，有一天，齊宣王派人來對孟子說：「我今天本來想去拜訪您，但我生病了，去不了，如果您能來，我就勉強上個朝，不知道您能不能來呢？」

孟子一聽，有些生氣，就對使者推脫說自己也生病了，去不了。但是第二天，他就明目張膽地去參加一個朋友的葬禮，還跑到另一個朋友景丑氏家住了一晚上。

景丑氏認為孟子的行為是對齊宣王不尊敬。孟子卻說：「臣子事君，以道自重，這是君子的立身之節。天下所尊崇的大概有三樣：爵位、年齒和品德。朝廷尊崇的是爵位，鄉黨尊崇的是年齒，而輔佐君主，治國安民，尊崇的是品德。齊宣王雖然爵位至尊，但在三尊之中，論齒論德，我佔了兩樣，他怎麼能憑借一樣就輕慢我呢？」

孟子接著說：「商湯因為虛心向伊尹學習，幾乎沒費力氣便王天下；齊桓公因為主動向管仲學習，並以他為臣，幾乎沒費力氣就霸諸侯。現在各國大小都差不多，但誰都沒有稱王稱霸，原因就在於各國君主只喜歡那些順從自己的人，而不重用能教導自己的人。」

這個小故事所講的就是齊宣王的用人問題。孟子本來是齊宣王請來輔佐自己的，相當於帝王之師，齊宣王本應該以禮相待，謙虛地向他求教，就像三國時期的劉備三顧茅廬去請諸葛亮一樣，要恭恭敬敬地親自拜訪，向人家請教治國策略才行，「故將大有為之君，必有所不召之臣」。但是，他不但沒主動拜訪，反而對孟子呼來喝去，說我不想去見你，你想來就自己來吧！對於孟子這種特別重視禮教的人來說，怎麼能接受自己被這樣對待呢？

當然，如果是站在君臣或上下級的角度來看，孟子的行為好像是有些不合規矩，但這裡還蘊含著更深刻的道理，就是我們平時到底要跟什麼樣的人接觸共事？

在我看來，我們就是應該多與那些比自己能力強的人接觸，讓這些人為自己提供幫助，創造價值。我講過《一個廣告人的自白》這本書，作者大衛·奧格威是奧美廣告的創始人，他在書中就分享了自己的一些做事方式，很值得我們深思。

在奧美公司，每當一個員工被提拔到管理層時，大衛·奧格威都會送給他一套俄羅斯套娃。一開始大家很不理解，等他們把套娃打開，發現裡面的套娃一個比一個小，而當他們打開最裡面的娃娃時，就會看到一個小紙條，上面是奧格威寫的一段話：「如果你經常雇用比自己弱小的員工，將來我們就會變成一家侏儒公司。相反，如果你每次都雇用比自己強大的人，日後我們必定會成為一家巨人公司。」

這裡就蘊含了孟子所倡導的思想，不管是作為一國之君，還是一個企業家，抑或是一個普通人，都應該時刻抱有謙遜之心，願意去發現和接觸那些比自己有才學、有能力的人，讓他們發揮自己所不具備的才華和能力，幫助自己來管理國家、管理企業或者提升能力，這樣才能讓國家更強大，讓企業發展得更好，也讓自己的能力提高得更快。

遺憾的是，很多人常常一邊抱怨人才難遇，一邊又在玩著俄羅斯套娃游戲，潛意識中只願意接觸那些比自己能力弱的人，希望能在這些人面前展現出自己的優越感。如此下去，這種人際關係只會對自己造成消耗和磨損。這就像你站在高處，別人站在低處，他們與你接觸交往，是在接受你的能量；而你與他們接觸交往，就是在消耗自己的能量。當你在一個圈子裡已經成為老大，那就說明這個圈子已經不是在幫助你成長，而是在不斷消耗你的能量了。

說到底，不願意接觸交往比自己強的人，不願意看到那些比自己更強的人來領導自己，指出自己的問題，告訴自己該怎麼做，只能說一個人的格局有問題。如果不能突破這一點，你就只能永遠原地踏步。

所以，我經常跟員工說，我們要敢於跳出自己的舒適圈，多跟比自己厲害的人、層次更高的人以及一些經驗更加豐富的人接觸，學習他們的學識、思維、做事風格，我覺得這是一個提升我們個人能力的非常好的途徑。

君之視臣如手足，則臣視君如腹心；君之視臣如犬馬，則臣視君如國人；君之視臣如土芥，則臣視君如寇讎。

——《孟子．離婁下》

彼此尊重，才能共同成長

孟子曾經跟齊宣王說過一段很有名的話：「君之視臣如手足，則臣視君如腹心；君之視臣如犬馬，則臣視君如國人；君之視臣如土芥，則臣視君如寇讎。」意思是說，如果君主對待臣子如同自己的手足一樣，臣子看待君主就會如同自己的腹心；如果君主看待臣子如同犬馬，臣子看待君主就如同路人；君主看待臣子如同泥土草芥，臣子看待君主就會如同強盜仇敵。

簡而言之，君臣之間並不是無條件的，而是相互的，國君對我好，我會忠誠地為你效力；你對我不好，不尊重我，甚至看不起我、侮辱我，那我也把你當敵人對待。

如果我們把這個道理運用到現在的社會中，就可以理解為上級要對下級以禮相待，尊重下級，善待下級，這樣下級才有可能死心塌地地為上級服務。不管在什麼情況下，都需要以人心換人心，別人怎麼對待你，取決於你怎麼對待別人。如果你不關心別人，不禮遇人才，腦子裡整天琢磨自己的利益，卻要求別人敬業奉獻，那又怎麼可能呢？

但是，偏偏就有這樣的上級，比如齊宣王。他對孟子說，根據禮法規定，一個人就算退休了，離開了之前的職位，但君主身故，他依然要為先前侍奉過的君主穿喪服。那我怎麼做，才能讓臣子以後也能為我服喪呢？

孟子就告訴齊宣王，說你至少要做到三有「禮」：第一，別人勸你的事，你要能聽進去；你對老百姓要有恩惠，讓老百姓過上好日子。第二，如果有大臣想離開你，或者想回家養老，你應該派人送他離開國境，或者派人安排好他的衣食住行。第三，如果大臣離開你，要等三年後你再收回他的封地、住宅，不要人家剛走，你就急匆匆地收回。做到這三點，「則為之服矣」，才會有人為你穿喪服。

這三點都不難理解。如果君主不聽勸諫，也不造福於民，對老百姓沒有恩惠；大臣離開後，不但不善待人家，還半路捉拿甚至截殺人家，自然無法贏得人心。這就像張藝謀導演的電影《滿城盡帶黃金甲》中的一個片段一樣，一個大臣辭官還鄉，皇帝卻在大臣回鄉的路上安排了許多殺手，想把大臣殺掉。還有的是大臣剛走，君主就急慌慌地把人家的府邸、田地統統收走。這樣做簡直就像仇人一樣，怎麼能讓臣子死心塌地地為自己效力呢？

孟子所講的這些，與我在樊登讀書中講的一本名叫《聯盟》的書中的觀點很相似。這本書就指出，現在很多企業在員工離職時，雙方經常會變成仇人。

我以前就聽一個朋友跟我講過，他原本在一家大公司工作，後來出於某些原因被解職。他跟我說，他離職的流程是這樣的：早晨去公司上班時，到門口拿出門卡一刷，發現「嘀———」的一聲，門禁燈變紅了，門沒開，自己進不去。他還很奇怪，難道門卡壞了嗎？

這時，從裡面出來四個保安，告訴他說：「對不起，你已經被解職了，現在麻煩你進去跟我們收拾東西。」然後幾個保安圍著他，來到他的工位，告訴他說，你只能收拾自己的私人物品，但不能動電腦。他說我電腦裡還有自己的東西呢，保安告訴他，電腦裡都是公司的東西，如果我們發現裡面有私人的東西，我們會刪掉，你就放心離開吧。接著，保安盯著他收完東西，讓他抱著箱子去財務處結清工資，最後把他送出了大門。

這個人出來後，逢人就罵他的前公司，後來還打了一次官司，跟公司糾纏了大半年才消停。

為什麼會出現這樣的結果？

因為「君之視臣如土芥，則臣視君如寇讎」。我在講《聯盟》這本書時，裡面的觀點讓我很震撼。它指出，員工即使離職後，也仍然可以成為公司非常重要的聯盟伙伴。公司對員工稍微好一點，對員工有一些情感，員工離開後，也可以把這些人再聚在一起，和他們經常聊聊天，甚至可以互相做做生意，介紹更多的資源。這時你會發現，那些離開公司很久的人，依然會把他的前公司當成是讓他成長的一所學校，有什麼資源也願意彼此分享。

這就是《聯盟》中的概念。

孟子跟齊宣王所講的，就是人力資源管理中一個非常重要的概念：讓員工利益與公司利益合二為一。這兩個方向是完全可以一致的，但由於一些企業管理者自身的自私、狹隘，缺少格局，和員工之間矛盾重重，結果最終損失的是公司的利益和管理者自身的利益。就像明朝首輔張居正死的時候，萬歷皇帝做的第一件事便是沒收了他所有的田產，頗有人走茶涼的意味。

放在現代的生活當中，這個觀點同樣成立。不管是員工還是朋友，都不是我們的私有財產，我們應該把格局放大一些，把他們當成我們生活和事業上的朋友和伙伴，把彼此的利益放在一起。這樣，你才能增強自身凝聚力，並把這種凝聚力潛移默化地灌輸到身邊每個人心中，也才有可能得到對方積極的回饋。

獨樂樂，與人樂樂，孰樂？

——《孟子．梁惠王下》

員工的幹勁都是領導給的

我的第一份工作是在中央電視台《實話實說》欄目組，直屬上司是崔永元老師。當時在錄製節目的間隙，我們節目組會供應各種各樣的飲料：礦泉水、酸奶、咖啡等，大家都隨便喝，而同期央視的其他欄目組就沒有這麼好的待遇，一般只有礦泉水。我當時很不理解，就問崔老師：「老師，我們只是錄個像而已，喝水就可以了，為什麼還要花錢買這麼多飲料呢？」

崔老師說：「你說得沒錯，每次買飲料確實花了不少錢。但我這麼做是想讓大家知道，我們欄目幹什麼都比其他組強，就連喝的飲料都比他們種類多。」

我想了想，確實是這樣：當時其他組的便當標準是十五元一盒，而我們組是三十元一盒，配菜種類比他們更加豐富；踢足球踢不過《東方時空》組，崔老師就給我們配備了全套的名牌護膝、護腕，讓我們在裝備上勝出……

那時候，我們節目組的所有成員都特別有幹勁，對工作更是投入了百分之二百的精力，並且全都是心甘情願的。在大家的共同努力下，《實話實說》也成為當時全國最火爆的談話類節目。

我舉這個例子是想說，在生活和工作中，不管我們做任何事，要想把事情做好，都與參與其中的每個人的努力是分不開的。而大家之所以願意傾盡全力地付出，是因為從這個團隊當中獲得了尊重，獲得了力量和幹勁。

孟子和梁惠王曾討論過一個關於「獨樂樂還是眾樂樂」的話題。孟子認為，作為一國之君，如果梁惠王在愛好音樂的同時，還能考慮到百姓的願望，那麼王道就已經實現了，就能讓天下人心歸附，也就能成為天下之主了。

這個故事所揭示的，就是一個團隊的領導者應該怎樣管理團隊成員的問題。你能考慮到其中每一位成員的需求和利益，能夠與大家「同樂」，與大家分享利益，而不是「獨樂樂」，往往就能有效地領導團隊成員，激發起大家的工作積極性。

但是，很多人是做不到這一點的，在他們心中，不管是生活還是工作，自己的利益最重要，其他人都要圍著自己轉。我以前在講領導力的時候，就曾告訴企業家們，不要把員工當成自己的私有財產，每個員工都是獨立的個體，都有自己的精神、思想和內在需求。為什麼現在很多企業的員工離職率越來越高？我的一些做企業的朋友在跟我聊天時也會紛紛「吐槽」：「你說他們為什麼動不動就離職呢？我明明給的薪資不低呀，每個月都一兩萬了，他竟然還要跳槽，真是沒良心！」

如果我們稍微換位思考一下，這個問題並不難理解。你認為每個月給員工一兩萬的薪資已經很高了，那麼當年你在拿著這樣的薪資時，為什麼還要出來自己創業呢？難道不是想有更高的提升，想要獲得更大的發展嗎？推己及人，員工有類似的想法，或者做出離職的舉動，也就沒什麼意外了。

之前我講過一本書，是一位網路主播寫的，這本書中有個案例特別有意思。這位主播在剛剛創業時，自己開了個小工廠，沒什麼經驗，就向一個正在開工廠的朋友請教。結果這個朋友也沒多少經驗，還跟她講了一件更讓人頭疼的事：由於之前他的廠子處於啟動階段，資金有限，工人的伙食不太好，他感覺工人每天工作挺辛苦的，於是有一天下班後，他就想犒勞犒勞大家，帶大家去飯店吃了一頓海鮮。

原本以為自己這樣做可以在工人中拉好感，然而讓他沒想到的是，沒過多久，一半工人都辭職了。經過了解之後他才知道，原來工人們覺得老闆既然能請他們吃海鮮，肯定是賺到了大錢，但是卻沒給他們漲工資，心裡覺得很不爽。於是大家一合計，乾脆撂挑子不幹了。

老闆請員工吃海鮮，出發點肯定是好的，但問題出在哪兒了呢？就出在沒有換位思考，沒有真正地急人所急。工人賺的都是辛苦錢，對每一分薪水都格外在乎，相對於一頓海鮮來說，他們更希望老闆賺到錢後，能相應地提高他們的薪水，給他們多發點錢。老闆請他們吃飯，他們不覺得老闆在照顧他們，但如果多給他們發點錢，他們肯定覺得老闆很理解他們的辛苦，以後工作起來也賣力、更有幹勁。要知道，只有看得到的利益，才能激勵奔跑的人。

所以，如果你也是一位領導者，我建議你也能像孟子說的那樣，學會「與民同樂」，善於解決團隊成員的真實需求。因為只有大家的需求得到了基本保障，他們才會逼迫自己跟上領導者偉大的夢想。對於基層員工來說更是如此，你每天跟他們談願景、談情懷、談戰略，那都太遠太飄了，唯有幫他們解決了自己最關注的問題，他們內在的積極性才會被調動起來，而這也是最能體現出一個領導者管理策略和情懷的地方。

狗彘食人食而不知檢，塗有餓莩而不知發，人死，則曰：「非我也，歲也。」是何異於刺人而殺之，曰：「非我也，兵也。」王無罪歲，斯天下之民至焉。

——《孟子．梁惠王上》

遇到問題多從自己身上找原因

我在講課時，經常會遇到一些企業管理者問我：「樊老師，我在管理公司時已經是盡心盡力了，公司有什麼事我都第一時間頂上，從無怨言。我覺得很多公司管理者都不如我盡心，可為什麼我的公司發展並不好呢？」

這個問題一下子讓我想起梁惠王曾經問孟子的一個問題，這個問題讓梁惠王困惑很久。他問孟子：你看，我治理國家也算是盡心的，河內地區鬧災荒，我就把百姓遷到河東，還把河東的糧食運到河內賑災；如果河東鬧災荒，我也這麼做。我看周邊國家就沒有比我更盡心的，怎麼鄰國人口不見少，而我的人口也不見增加呢？

當時是農業社會，各個諸侯國基本都以國內人數的多少來衡量國力，人口就是戰鬥力、生產力，是國家強盛的象徵。當時的人口也可以隨便流動，老百姓想去哪個國家，只要背上家當，帶上家人，就可以去了。所以梁惠王不理解：我明明已經這麼盡心盡力了，怎麼就不見成效呢？

對於梁惠王的問題，孟子並沒直接回答，而是給梁惠王打了個很有意思的比喻，說兩軍打仗時，戰鼓一響，兵器一碰撞，就有士兵丟盔卸甲，拖著兵器逃跑了。有的人跑了一百步停下來，跑了五十步的人看見了，就嘲笑跑一百步的人膽小。大王認為，士兵這樣做對嗎？

這就是我們常說的「五十步笑百步」，你自己明明犯了錯，只不過程度稍輕些而已，卻毫無自知之明地嘲笑別人。梁惠王知道這肯定是不對的，所以孟子就說：「大王若明白這個道理，就別奢望自己國家的老百姓比鄰國多了。」

梁惠王的心態，就像那些諮詢我的企業管理者的心態一樣，這裡就涉及盡心盡力這個問題。在我看來，一件事沒做好，其根源在於做事的人沒有全身心地去思考，去尋找解決問題的有效措施，而不是自己做了所謂的努力後，自我感動一番，稱自己已經盡心盡力了。就像梁惠王一樣，作為一國之君、最高領導者，僅僅因為自己賑災了，就以仁君聖主自居，卻沒有好好從自己身上找原因、找責任，效果不好就發牢騷、抱怨不公，這是無論如何也成不了大事的。

我給大家講個笑話，說有三個人幹活，一個人挖坑，另一個人過來把坑填上，然後第一個人走兩步又挖一個坑，另一個人再過來填上……

有人看到了，就覺得很奇怪，走過來問：「你們這是在幹什麼？」

其中一個人回答說：「你看不到嗎？我們在種樹，我的任務是挖五十個坑，他的任務是填五十個坑，而種樹的那個人今天請假了。」

你看，他們的工作做了嗎？確實做了。但有效果嗎？完全沒有。

這就是現在很多人的心態：我的工作都做了，沒效果？那不怨我，因為這是別人造成的，或者說是外部環境造成的，跟我沒關係。這是不是很可笑？

所以，孟子又毫不留情面地指出了梁惠王的昏庸做法：「狗彘食人食而不知檢，塗有餓莩而不知發，人死，則曰：『非我也，歲也。』是何異於刺人而殺之，曰：『非我也，兵也。』王無罪歲，斯天下之民至焉。」大王養的豬狗吃的食物都比人吃的好，路上很多餓死的人也沒人管，大王卻說這是天災，跟自己沒關係，自己也沒辦法，這跟自己拿刀捅人後，卻說「不是我幹的，是刀捅的」有什麼區別呢？

這句話說得太有力度了！你作為一個國家的最高領導者，國家出現災荒，你不在自己身上找責任，卻把責任歸咎於自然條件，這怎麼能把國家治理好呢？

現在很多人做事也是如此，一遇到問題了，首先就是一通抱怨，認為形勢不好，環境不佳，接著就把一切責任都歸咎於外界因素。可事實上，不論在多糟糕的環境下，仍然有人把事情做得很好，也有人在不斷成功。而孟子的觀點其實是在告誡我們所有人，遇到問題時，必須先找出問題的根本在哪裡。

根本在哪裡呢？

就在常識當中。我之前曾講過一本書叫《論大戰略》，裡邊列舉了人類歷史上許多偉大的人物，但凡晚年犯下大錯的人，基本喪失了對常識的尊重，就像梁惠王一樣。孟子說的話都是常識，老百姓能吃飽飯、穿暖衣，過上安穩的日子，肯定就會願意投奔你，作為一國之君，這樣的常識怎麼能不懂呢？老百姓不來，自然就是國君喪失了常識。

那麼，這些人為什麼會喪失常識？

因為他們已經習慣了遵從慣性和博弈，看到別人這樣做，自己也跟著這麼做，甚至去跟人家比，怕被別人比下去，認為自己做得比別人好一點，就該收穫的比別人更多才行。殊不知，越是把關注點放在外界，把責任推到外界條件上，不懂從內部找原因和反省自己，就會越來越偏離常識，偏離你最初的目標。就像案例中兩個種樹人一樣，難道他們不知道怎麼種樹嗎？肯定知道。那為什麼挖完坑後直接填上呢？因為他們認為栽樹苗是別人的事，跟自己沒關係，這就是典型的「事不關己，高高掛起」。

事實上，我們應該遵循這樣一個原則：行有不得，反求諸己。沒達到目的，就要先反省自己，從自己身上找原因，而不是出現問題先推卸責任。只有多從自身找原因、找責任、找方法，從最符合常識的事情做起，才有可能把事情做好。

古之賢王好善而忘勢，古之賢士何獨不然？樂其道而忘人之勢。

——《孟子・盡心上》

放下自己的「偶像包袱」

一個人的強大，往往來自源源不斷的內在力量，包括智慧、勇氣、仁愛、節制、卓越等，這些都是一個人真正強大的重要因素。但是在現實生活中，有些人總是覺得要讓別人怕自己、服從自己、崇拜自己，才算是真正的強大，所以在面對別人時，總是習慣一副高高在上的傲慢姿態。

心理學家認為，讓別人感到傲慢的力量，與讓別人心生敬畏的力量是完全不同的。前者只會讓人產生逃避的心理，後者卻會讓人想要親近他、信任他、擁護他。所以說，當一個人懂得放下身段，放下「偶像包袱」的時候，才是真正變得強大的時候。用孟子的話說，這類人屬於「好善而忘勢」，就像古代的賢王、賢士一樣，「樂其道而忘人之勢」。雖然他們可能很有權勢，地位很高，但因為追求善言，希望自己能夠不斷進步，所以會忘記自己的權勢和地位，與有德行、有能力、有才學的人傾心相交。

但是在現實社會中，我卻遇到很多喜歡裝腔作勢、故作姿態的人，有些甚至是很有權勢和地位的大領導、大企業家。你會發現，他們完全放不下自己的那種成功人士的架子，放不下自己的偶像包袱，表面看起來很有親和力，能跟你和顏悅色地聊天，可是一遇到問題，他立馬就會拍板說：「這件事別說了，就得聽我的！」這類人會一直執著於自己的權勢地位，放不下身段，也很難真正與周圍的人打成一片。

而一個真正願意與你探討問題的大人物，是不會輕易拍板做決定的，也不會輕易說「這事就得聽我的」。相反，他們會虛心地請教別人，聽取別人的意見、想法、建議，也會積極地追求事物的真相。就像孔子說的：「巍巍乎，舜禹之有天下也而不與焉。」舜、禹這些偉人那麼偉大，是天下的統治者，卻並沒有覺得自己坐擁天下，真是了不起。為什麼會了不起呢？因為對他們來說，帝王之位、坐擁天下並不是權力、身分、地位的象徵，而是責任的象徵，地位越高，責任越大。舜、禹坐擁天下，也不覺得帝王之位多了不起，只不過是在承擔更大的責任而已，所以孔子才誇獎他們「巍巍乎」，真了不起呀！

不管是在生活中，還是在職場上，一個人具有這樣的素質非常重要。為什麼一些人得不到別人的尊敬和認同？為什麼一些企業做不大、做不長久？原因就是這些人、這些企業領導者成了自己企業發展的邊界。他們放不下自己的身分和地位，放不下自我，時時刻刻都要顯示出自己作為一個大人物、一個領導的優越性，不願意聽取別人的意見。時間長了，別人自然也不願再提意見了，可能連靠近都不想靠近你了。

《老子》當中也有一句話，叫作「後其身而身先，外其身而身存」，意思是你遇事謙讓無爭，反而能在眾人之中領先；將自己的生死置之度外，反而能保全自身性命。如果一個人不時時刻刻都把自己放在第一位，不時時處處都想著自己的權勢地位，能夠放下自己的身段，多跟周圍人交流，允許眾人提出不同意見，允許他們指出你的缺點和錯誤，甚至能接受他們推翻你的決定，那麼其能力邊界就能不斷取得突破，水平不斷提升，從而讓自己走得更遠、更好。

我在公司裡就經常跟我的員工說，我在公司說話「不算數」，大家可以暢所欲言，有什麼好的想法、建議都要提出來，大家一起探討、碰撞。我覺得這是一件非常愉快的事，因為我首先知道，我在很多事情上都未必比這些年輕人做得更好。就拿做視頻號這件事來說，我完全不知道公司裡有幾個人在搞視頻號，視頻號後台各種應用都怎麼操作，我也沒有概念。但我就是相信，他們可以比我做得更好。

在樊登讀書，我們大力倡導一個詞，叫「沉浸者」。一個人要想變得不一樣，就必須沉浸在一件事情裡面，必須認真、專注地思考和鑽研。越是沉浸，就越有價值。公司負責視頻號的年輕人，他沉浸在這裡面，他喜歡這件事，那就讓他做好了。我們招一個人，唯一的要求也是，你好好做，你沉浸地做，那你肯定能做好。既然他比我都要操心怎麼把工作做好，我又何必瞎操心呢？更何況，如果我管得多，那員工肯定管得少。大家都聽老闆的，那我就變成公司的瓶頸；每個業務我都管，我就是每個業務的瓶頸。所以，我願意也敢於放手讓他們盡情去做，而不必顧及我這個老闆的面子。

當然，要做到這一點也很不容易，因為這會牽扯到大人物、領導者的面子或個人利益問題，甚至是內心的安全感等。如果處理不好這些，稍微聽到一點反對意見，就感覺別人要造反了，自己說了不算、沒地位了，心理上就接受不了了。這種心態，在任何時候都是很難讓自己突破邊界的。

周公思兼三王，以施四事；其有不合者，仰而思之，夜以繼日；幸而得之，坐以待旦。

——《孟子．離婁下》

低水平的勤奮是在騙自己

我有一個朋友，是做教育行業的。他跟我一樣，也是個愛讀書的人，不誇張地說，他的家裡面鋪天蓋地的幾乎全是書。他每年都會給自己制訂年度讀書計畫，比如一年讀一百本書，然後再把目標拆分，可能每天要讀完二三十頁。有時明明自己已經讀得很疲憊了，但是為了完成目標，也要堅持下來。兩年多下來，他至少讀了三百本書，聽起來是不是很厲害？

然而，有一次我在跟他交談時，我問他：「你每年讀那麼多書，有沒有什麼書讓你印象特別深刻的？或者是有什麼內容讓你記憶深刻，影響了你的決策、想法的？」

他想了想，說：「我確實讀過不少書，但是這些書現在再拿過來看，我發現大部分都白讀了。今天能從書裡看到的價值，過去看不到；過去在書中看到的內容，今天記不清。」

乍一看起來，朋友是個非常勤奮、非常努力的人，可為什麼沒有拿到自己想要的結果呢？原因就是他沒有真正理解和消化書中的內容，只是在重複低效率的讀書動作。

這裡就涉及一個「低水平的勤奮」的問題。我們一直認為，做事只要勤奮，就一定會拿到好的結果，但現在看來根本不是那麼回事兒。在很多時候，如果你用的方法不對，真的是努力白費！比如，頻繁地舉行各種會議，大多數情況下這些會議都是無效的、費時的、無意義的，會讓我們沒辦法專注，沒辦法按時完成每天的工作。但是，開會卻容易給人造成一種錯覺，就是我在努力地解決問題，我在積極地取得進展，我在勤奮地推進項目，而事實上，大家可能只是扯皮了幾個小時。

在《孟子》一書中，舉了很多關於勤奮的例子，比如說大禹。大禹在治理洪水過程中，曾經三過家門而不入，是一個非常勤奮的人。但是，當他因為舜的禪讓而成為部落首領之後，他的職位變了，他之前的勤奮行為也隨之轉變為不愛美酒美食的身體勤奮，以及善聽諫言的思想勤奮了，也就是孟子所說的「禹惡旨酒而好善言」。

《孟子．離婁下》還記載：「文王視民如傷，望道而未之見。武王不洩邇，不忘遠。」周文王統治時期，明明百姓已經安居樂業了，他還覺得百姓受到了傷害，還想著如何保護照顧他們，怎麼才能讓百姓過得更好。同時，他自己已經是聖人了，卻還有一顆求道之心，覺得道無終窮，學無止境。周武王心思縝密，志慮周詳，可對身邊的人不敢有絲毫疏忽，而是始終保持尊敬；哪怕是對離得遠的大臣，也不敢有一絲疏略。這些，都是勤奮的表現，並且都是有效的勤奮。而說起周公，那就更是勤奮的典範了！周武王去世後，周公輔佐成王，天下的重擔都落在他身上。他不但繼承了文王、武王的遺志，還學習大禹、商湯，把三代聖君的德行都一一推行。當他自己的一些經驗跟「三王四事」不合時，他就夜以繼日地思索。半夜想通了，就乾脆不睡覺，一直坐到天亮，馬上就推行。

說到這兒，你可能發現，那些低水平的勤奮往往都表現在體力上，只會埋頭苦幹，不願意思考，也不講究方式方法，結果做事越做越累，效果也不好。而真正的智者會告別低水平的勤奮，積極思考如何用更簡潔、更有效的方法解決問題。這就像有句話說的那樣：不要用行動上的勤奮掩蓋思想上的懶惰。所以如果你經常說：你看我都這麼累了，我還能怎麼辦？我都忙成這樣了，還沒賺到錢！我要告訴你的是，你一定是沒有思考那些更重要的東西。

很多時候，並不是你比別人差，而是你的學習和工作過程中沒有講究更好的方法和策略，光顧著低頭走路了，卻沒有發現旁邊還有電梯可以讓你更便捷地上樓。

當然，不管怎麼說，勤奮是沒有錯的。「周公吐哺，天下歸心。」勤奮應該成為我們每個人都具備的品質。當年周公效法從前三代賢王，集他們的智慧於一身，還無比勤奮，才把事情做好，相比之下，我們普通人應該更加勤奮，才有可能施展自己的抱負，發揮自己的才華。

山徑之蹊間，介然用之而成路。為間不用，則茅塞之矣。今茅塞子之心矣。

——《孟子．盡心下》

不要停止思考

現在有一種非常普遍的現象：在工作或生活中，一旦遇到一時難以解決的問題，大家的第一反應就是上網搜索，尋找現成的答案或方法。這確實為我們提供了許多便利，但同時也帶來了一個新的問題，就是大家都不願意思考了。而這種沒有經過思考，直接搜索出來的答案，很多時候只能解決一部分問題，或者說只能讓我們看到和了解問題的一部分，並不能全面真實地了解問題。

不僅如此，你還會發現，即使你當時搜索了一些問題的答案或方法，過一段時間，你再看到或遇到這個問題時，仍然不知道怎麼解決，這時可能會再去搜索……如此反覆，同樣的問題你可能搜索了不止兩遍。但是你想沒想過，為什麼明明多次搜索出來的答案和方法，你就是記不住呢？

原因很簡單，因為你沒有經過深入思考，不知道答案的由來，只是被動地接受答案，所以就很難將其儲存在你的長期記憶中。唯有經過自己認真思考、探索而得出的答案或方法，才會讓人記憶深刻。

孟子曾經說過：「山徑之蹊間，介然用之而成路。為間不用，則茅塞之矣。」這裡其實有兩個典故：一個叫「茅塞頓開」；還有一個就是魯迅先生說的那句話：「其實地上本沒有路，走的人多了，也便成了路。」這句話實際上是從孟子這裡來的。孟子有個弟子，叫高子，是個齊國人。高子一直都想跟孟子學點東西，但又不願意下苦功，還一天到晚評估自己學到了多少。一旦某段時間感覺自己沒什麼收穫，心裡就開始打鼓：「哎呀，這個老師是不是不行啊？我跟他也沒學到什麼呀！」孟子見狀，就用這句話批評了他，意思是兩座山之間的豁口會有狹窄的小路，如果大家經常走這條路，走的時間長了、次數多了，那這裡就真的成了路。但是，如果有一段時間你不從這裡走了，那麼周圍的荒草就會把路堵塞，你就找不到這條路了。最後，孟子總結了一句，說「今茅塞子之心矣」，現在你的心就被堵塞了。

孟子想向弟子表達的是，你想要學習，想要真正學到東西，提升自己，就必須經常性地思考，並且不能停止。如果你跟老師學習了道理，卻沒有放在心上存養，不能篤實去做，那你的心上好不容易打開的那條縫隙，好不容易理清的那一點兒思路，很快又被茅草覆蓋了，什麼都看不見了。

這個典故其實就是在提醒我們，人一定要時刻保持思考。所謂的思想，也是人們通過思考得出來的想法。你能經常對各種問題保持思考的態度，就能對問題認識得越來越深刻，同時也可能會找到更多的解決方法。相反，如果缺少思考能力，在工作和學習中都人云亦云，接受一些死板的知識，不能舉一反三，那麼你就永遠不能進步，永遠也無法突破自我。

你聽說過「懶螞蟻效應」嗎？在蟻群當中，大多數螞蟻都很勤快，每天清理蟻穴、搬運食物、照顧幼蟻，總是忙忙碌碌的。但是，有一些「懶螞蟻」卻整天無所事事，也不幹活，只是在蟻群周圍東張西望地悠閒度日。有趣的是，一旦蟻群面臨危機，比如沒有食物了，那些平日裡勤快的螞蟻立刻亂作一團，不知道該怎麼辦，而那些「懶螞蟻」則不慌不忙，帶著蟻群向新的食物基地轉移。

原來，那些「懶螞蟻」並不是真的懶惰，而是把大部分時間都用在偵察和思考上了。雖然牠們每天看起來遊手好閒，其實大腦從來沒有停止過思考。

不論是先賢孟子，還是今天的「懶螞蟻效應」，其實都在給我們傳遞一個信息：任何時候，我們都不能停止思考。唯有深度思考，才能真正靠近目標和成就。

經常有書友問我：「樊登老師，為什麼我讀了那麼多書還是沒能改變命運呢？」

我就跟他們說：「命運的改變是潛移默化的過程，讀書對人生的改變是鐘形曲線，一開始是積累的過程。也許你讀了很多書也沒感覺有什麼變化，但總有一天，命運的改變會突然到來，而這一切，都離不開你前面的積累。」

我其實想告訴他們的是，也許你現在看不到自己的學習成果，但持續的學習和思考一定會幫助你不斷突破自己的思維局限，讓你看到越來越大的世界，收穫越來越多的人生財富。

樊登讀書能發展到現在的規模，倡導思考的價值是其中一個很重要的因素。我們創立的初衷，就是市場上還沒有給別人講書這一模式，於是抓住了這個全新的機會——教人們通過聽書來思考。在這條路上，我們的思考也從未停止，從最初精簡書籍內容的ＰＰＴ（演示文稿）閱讀，到後來的微信群語音閱讀與探討，再到現在的樊登閱讀Ａｐｐ。從不停止思考，正是樊登讀書發展至今，一直能實現用戶增長的原因。

這些經歷都讓我越來越確信，堅持思考，甚至帶領身邊的人一起思考，我們就一定能開創出一番新天地。

> 天下固畏齊之強也，今又倍地而不行仁政，是動天下之兵也。
>
> ——《孟子・梁惠王下》

合作是為了更好地競爭

說起現代社會上的競爭，大家都不陌生，並且認為這種狀態是正常的，是一種市場健康發展的狀態。之所以有這樣的觀念，是因為在以前的時代裡資源有限，你得到的多，我得到的就少了，所以每個人都在拚命地為自己爭取更多的資源。但是現在越來越多的人意識到，你死我活的競爭並不能讓自己得到更好更長久的發展，相反，尋求更多的合作者，甚至與自己的競爭對手建立某些方面的合作，從不是你死就是我活、劍拔弩張的狀態到追求雙贏，反而可能激發出自己更多的潛力，讓自己發展得更好。

這樣的例子並不在少數，我舉個航空業的例子。在我們看來，各大航空公司彼此之間都是競爭關係，但實際上，航空公司之間的合作非常常見，比如共享航班代碼，你買了國航的票，乘坐的可能是東航的飛機。

再比如物流業，美國的ＤＨＬ快遞公司，就曾經與自己的「死對頭」合作，一起運送包裹。

這些都充分說明，競爭並不是我們唯一的生存狀態。《哈佛商業周刊》中曾經總結了一句話：未來，人類會面對越來越龐大的項目，或者項目風險越來越大，到那時，一個人、一個企業甚至一個國家，都無法靠一己之力迎接挑戰。在這種情況下，與競爭對手合作是必然的選擇。

其實不光是現在，在古代，諸侯國之間也經常合作，共同對抗外敵，像戰國時期的「合縱連橫」等。所以在當時，一些賢人、智者等也經常與國君討論這方面的話題。比如，孟子在與齊宣王討論治國策略時，就涉及這方面的內容。

當時，齊國趁燕國內亂出兵討伐，佔領了燕國，其他諸侯國一看，不幹了，因為這打破了之前各國的戰略均勢，齊國比之前更加強大，對它們的威脅就更大了。於是，各國就開始謀劃伐齊救燕。

齊宣王一看各國要聯合起來打自己，很害怕，向孟子尋求策略。孟子又給齊宣王舉了商湯的例子：我聽說當年商湯只有七十里的地盤就能統一天下，卻沒聽說有千里之地的大國還會感到害怕的，關鍵還在於你是不是施行仁政、是不是代表正義。《尚書》中說：商湯在征討葛國時，葛國百姓都特別高興，夾道歡迎，還紛紛說：「等我們仁慈的君王來了，原本生不如死的我們就復活了。」商湯對百姓施行仁政，老百姓都支持他，他也最終統一了天下。而現在，燕國就像葛國一樣，國君虐待百姓，你去討伐燕國，百姓還以為你能救他們呢！結果，你不但把人家的親人都殺了，還毀了人家的宗廟，搬走了人家的國寶，這怎麼可以呢？

再說天下其他的國家，「天下固畏齊之強」，這些國家本來就懼怕齊國的強大，現在佔領燕國後，齊國的土地又增加了一倍，而你還不實施仁政，還天天想著跟別國打仗，「是動天下之兵也」，各國當然就會聯合起來討伐你了。

這讓我想起了之前讀過的一本書，書名叫《洪業》，其中講的是清王朝建立的整個過程。大家知道，明末清初時，很多人都打著「反清復明」的旗號反抗清朝政府，其實在剛開始時，並沒有那麼多人反對。多鐸帶著部隊到江南時，老百姓基本都是「簞食壺漿」，端著水、端著飯來迎接他們，希望他們能救自己於水火。結果清軍入關後不久，為了統治漢人，便開始下令全國剃髮，還要老百姓都改穿滿族衣冠，不服從者嚴懲不貸。古人講究「身體髮膚，受之父母」，你剃了人家的頭髮，人家能願意嗎？所以當時就激起了很多民憤。

孟子說的也是這個道理。你趁火打劫，吞併了別人的國家，搶了人家的東西，虐待人家的百姓，其他國家看到了，心裡肯定會想：這不就是我自己國家的明天嗎？為了不讓這樣的「明天」到來，那還不趕緊聯合起來滅了你！

所以孟子給齊宣王的建議是：「王速出令，反其旄倪，止其重器，謀於燕眾，置君而後去之，則猶可及止也。」意思是你趕緊發布命令，放了那些你抓回來的老人和小孩，還回人家的國寶，再和燕國人商量一下，扶立一位新國君。這樣，讓各國撤軍可能還來得及。

現在很多企業經常做收購和兼併，這種做法跟齊宣王佔領燕國的做法很相似，但收購和兼併也是最容易出事的。歷史上就有很多有名的公司合併，結果做著做著就消失了。當然也有成功的，比如著名的迪士尼公司收購電腦動畫巨頭皮克斯。當時的皮克斯公司十分緊張，擔心自己被迪士尼收購後，就會被併入迪士尼龐大的官僚體系當中，那樣一來，皮克斯公司可能就再也沒法做出像《玩具總動員》這種富有創意的電影了。

但是，當時迪士尼的首席執行官羅伯特・艾格卻對皮克斯公司的人說，我收購皮克斯，不是為了把皮克斯變成我們的，而是因為皮克斯比我們強大，我收購皮克斯是為了更好地實現共贏。

你看，有時強者與強者之間並非都是競爭關係，也可以實現合作，強強聯手，把雙方的能力和優勢更好地發揮出來，讓彼此都變得更強，都獲得更長遠的發展。美國商界有句名言：「如果你不能戰勝對手，那就加入他們。」現代競爭已不再是你死我活，而是講求更高層次的合作；企業追求的也不僅僅是單贏，而是雙贏或多贏。這也像孟子所說的，只要你能讓對方發展更好，能讓合作方的員工高興，那大家就會「簞食壺漿」來跟著你混。

可惜，齊宣王沒聽孟子的話，所以後來被燕國報復，落得個快速衰落的下場。但這個故事中所蘊含的道理卻很清晰，就是你能不能讓一個國家或一個企業變得更好，才是你兼併這個國家或收購這個企業，或者是與這個企業合作的一個重要出發點。

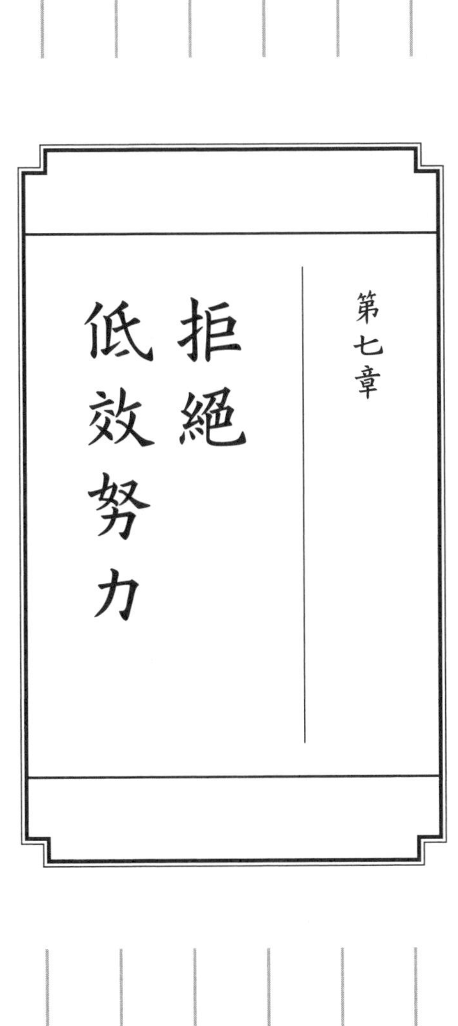

第七章

拒絕低效努力

夫人豈以不勝為患哉？弗為耳。

——《孟子．告子下》

做決策需要睿智，更需要勇氣

德國文學家歌德曾說過這樣一段話：你如果失去了你的財產，那你只失去了你生命中的一點；你如果失去了你的榮譽，那你就失去了你生命中的許多；你如果失去了你生命中所有的勇敢，你就把一切都丟掉了！

對於這段話，我深以為然，因為勇氣確實是讓我們人類一步步走向今天的重要因素。你一定聽說過一個詞，叫作「房謀杜斷」，說的是唐太宗李世民的兩位得力部下，房玄齡和杜如晦。房玄齡多謀，杜如晦善斷，兩人經常為唐太宗出謀劃策，決斷機宜，為李唐江山的穩固和繁盛立下了汗馬功勞。

還有一個更為耳熟能詳的成語，叫作「優柔寡斷」。三國時期實力最強大的諸侯袁紹，就是這個成語最真實的寫照。在曹操與袁紹的決戰中，袁紹本是實力強勁的一方，然而，曹操的謀士郭嘉評論袁紹與曹操的實力對比，提道：「紹多謀少決，失在後事，公策得輒行，應變無窮，此謀勝。」這句話一針見血地指出了袁紹優柔寡斷的特點。後來的結果正如郭嘉所言，袁紹在有眾多謀士出謀劃策的情況下，自己卻沒有勇氣盡快做出決策，而是優柔寡斷，拖拖拉拉，最終導致官渡之戰的慘敗。戰敗後，袁紹憂憤交加，一病不起，不久就死了。而反觀曹操，在取得了官渡之戰的勝利後，不但沒有停下來，反而一舉統一了中國北方地區，為魏晉王朝的建立奠定了基礎。

你看，歷史就是這麼殘酷，但又是那麼公平。你有能力、有勇氣，敢想敢做，就有成功的可能；否則，你就只能眼睜睜看著強者戰勝你、取代你。

再舉個例子，西晉是在三國亂世之後出現的一個統一王朝，但是它卻僅僅存在了五十一年就滅亡了，可謂曇花一現。而它之所以轉瞬即逝，根源就在於統治者在管理國家方面太軟弱了。比如西晉的開國皇帝晉武帝司馬炎，為了保持國內政治的穩定，維護統治階級的利益，就在各地分封了自己的宗室成員為王，讓他們在地方上作為維護皇室的力量。但是，司馬炎很快發現，他的這種做法並沒有讓西晉實現真正的大一統。於是，司馬炎就想收回這些權力，可他又害怕收回地方權力會導致地方宗親的不滿，給國家帶來動蕩，所以就優柔寡斷、拖拖拉拉，最終導致各地政權都被宗室所把控。

在國家政策的實施上，司馬炎也沒有貫徹到底。開國之初，司馬炎曾下令反對奢侈，厲行節儉，然而好景不長，宗族自身很快就開始腐敗墮落了。這時，司馬炎本該果斷地加以禁止，可他又礙於宗族情面，不僅沒有嚴厲禁止，還放縱這種行為，導致西晉的宗親官員都日漸驕奢淫逸，荒廢朝政。司馬炎的這一切不作為，都為後來的「八王之亂」、「五胡亂華」等事件埋下了隱患。

任何一個國家在建立時，都不可能事事順利、完美無缺，這也是最能體現統治者治國才能的時候。統治者睿智、有魄力，就能盡快對國家各項制度進行完善，對各種問題進行修正，從而使國家發展走上正軌。

同樣，我們在做任何事情時，一開始也不可能一帆風順，一樣會遭遇各種各樣的問題和困難。這時，就是考驗我們的智慧、勇氣和魄力的時候了。我自己在創業過程中，對這一點就有著非常深刻的感受。

很多人都知道，樊登讀書的創立是源於一次很偶然的經歷。

二〇一三年，我給一個EMBA班的學生上課，班裡有個學生提出，老師你能不能給我們列個書單，然後我們拿著這個書單去書店買書來看。我很高興地答應了，並且很認真地給他們列了一個書單，大家拿著書單去買書了。

過了一段時間，我又來上課，就問大家：「上次給你們列的書單上的書，你們都看得怎麼樣了？」結果我發現，很多人確實把書買回來了，可是根本就沒看，理由各種各樣，有的說沒時間，有的說看不懂。

這件事啟發了我，我就想，要是能幫助他們把書中的精華部分總結提煉出來，分享給大家，他們不用把每本書都讀完，不也一樣能掌握書中的內容嗎？

說幹就幹，我回去後就精心地做了個ＰＰＴ，把書中的精華都提煉出來，然後以「付一點費」為門檻，把ＰＰＴ發給了想看書的同學。

可是過一段時間後，我發現即使這些學生花錢買了我的ＰＰＴ，也仍然懶得去看裡面的內容。這該怎麼辦呢？

這時有人給我提了個建議，要不你建個群吧，在群裡給大家講書，大家通過「聽」的方式來讀書，可能比「看」書更積極。於是，我又嘗試了這種方式，發現這種方式比讓大家看ＰＰＴ效果更好。

當年年底，我在一場活動中遇到了兩位朋友，我們三個人一拍即合，決定借助移動互聯網來推廣這種優質的讀書模式。至此，樊登讀書就誕生了。

現在回想一下，如果我當時也優柔寡斷，保守妥協，可能就錯過了創建樊登讀書的好機會。

當然，也有一些人認為，保守地做事會更加穩妥，這其實是進入了一個思想誤區。創新有時可能會帶來一些問題和失敗，但問題和失敗越早出現，就代表你還有機會重新再來。想做事，就不要害怕會出問題、會失敗，只要敢於去做，就有解決問題的機會，你也才有成功的機會。就像孟子所說的：「有人於此，力不能勝一匹雛，則為無力人矣；今日舉百鈞，則為有力人矣。然則舉烏獲之任，是亦為烏獲而已矣。夫人豈以不勝為患哉？弗為耳。」一個人以前連提起一隻雞的力量都沒有，那他就是一個無力之人；如今說能夠提起三千斤的重量，那他就變成了有力之人。那麼要是舉得起烏獲（戰國時期秦國的大力士）能舉起的東西，那他就是烏獲了。人怎麼會以不勝任為憂患呢？只是不敢去做罷了。

當我們有了敢於做事的勇氣後，才有可能發揮出自己的潛力和才能，把事情做成。人類社會不就是因為不斷地創新和變化，才有了現在的繁榮富強嗎？

禹之治水，水之道也，是故禹以四海為壑。今吾子以鄰國為壑。

——《孟子・告子下》

以鄰為壑換不來獨善其身

前段時間，我看到一本講孔子的書，裡面說，這個世界上最大的誤解，就是人們以為自私可以帶來自利。自利倒是沒錯，每個人都有自己需要獲得的東西嘛！但自私卻絕對不會帶來自利，不僅如此，如果一個人太自私，還可能會導致人生變得更困難、更焦慮、更痛苦。

曾經就有人問我一個問題：「樊老師，都說一些人擔心教會徒弟，餓死師傅，所以不敢把自己的核心能力傳授給員工，您怎麼看這個問題？」

我當時就回答他說：「這樣的人根本做不成大事，更做不大企業，因為他的手下永遠都是一群只懂得執行，不懂得管理和創新的人，自己也注定會被累死。」

其實不管是做企業，還是做其他事情，如果你懂得把自己的利益分享給更多的人，最大程度地激發他人的積極性來和你一起做事，那麼你在做事時才會越來越輕鬆。如此一來，大家都受益，何樂而不為呢？

但是，社會上卻偏偏有這樣一些人，眼裡只看到自己的利益，甚至把自己的利益看得高於一切，把他人的利益看得輕如鴻毛，從來不懂得和衷共濟、雙贏共贏的道理。《孟子》中就記載了這樣一件事：魏國有個叫白圭的人，本事挺大，曾經做過魏國的國相，還善於治水。他經常拿自己跟本領大的人相比，比如堯舜、大禹等，自我膨脹得很厲害。有一次，他還跟孟子吹噓說：「都說大禹會治水，我治水的本領比他還要高呢！」

這個白圭曾經為魏國都城大梁解決過黃河水患，他認為「千里之堤，毀於蟻穴」，於是經常帶著人四處找螞蟻窩，找到後就堵上，並且加固堤壩，把洪水堵住。所以，他認為大禹治水十三年實在沒必要，自己的方法比大禹聰明多了。

但是，孟子卻毫不留情地揭開了他治水的缺陷：「大禹治水，是遵循水道，讓水順流而下，歸於大海。而你治水，只是修堤堵河，把鄰國當成大水溝，結果魏國的水患確實解除了，但是水流到哪裡去了呢？流到鄰國去了！水橫行氾濫，叫作洚水，洚水就是洪水。你把洪水排到鄰國，讓鄰國受難，這是仁者所厭惡的事情！有什麼值得吹噓的呢？」

這個故事就引申出一個成語，叫作以鄰為壑。表面看，白圭治住了洪水，但實際上，他把洪水都「趕」到鄰國去了，給鄰國帶去了災難，這簡直就是一種嚴重的損人利己、自私自利的行為。所以，對於倡導仁義的孟子來說，他是完全不認同白圭的做法的。

在我們的工作和生活中也有很多以鄰為壑的現象，比如我曾經講過的一本書，叫作《氣候經濟與人類未來》，是比爾．蓋茲寫的。書中就說，保護環境、保護氣候這件事，必須全世界一起來做，所有國家都要努力。如果其他國家都在努力，有一個國家不遵守，繼續排放污染物、溫室氣體，那麼其他國家的努力就會白費，最終整個地球仍然會遭到破壞。所以各國必須達成一致，不能以鄰為壑，想著把自己不好的東西排到別的國家去，讓別的國家承擔。你能想到以鄰為壑，鄰人也必然會想到以你為壑，那麼你的這種自私的做法就不可能換來獨善其身，最終結果也只會是害人害己。

所以，我們在做事時，就不能只考慮自己的利益。如果一個人有了這樣的思維，當遇到問題時，他的下意識想法就是：這會不會損害我的利益？如果讓我的利益受損了，我就不配合，我才不管會不會影響別人呢！那麼這種想法和做法就一定會影響別人的利益，甚至是整體的利益。而最終，處於整體之中的他，利益也同樣會受到影響。

真正有智慧、有胸懷的人，往往會想到與人方便，才能與己方便，因而也不會為了一己私利而做出損害他人利益的事情。把困難和禍患轉嫁給別人，堵死與別人交流溝通的道路，不但為仁者所惡，還可能導致雙輸的結果。

近聖人之居，若此其甚也。然而無有乎爾，則亦無有乎爾。

——《孟子．盡心下》

責任心是最大的動力

有人說，世界上最愚蠢的事情，不外乎坐擁好的職位而不去履行應盡的職責。我認為這是對自己的不尊重，也是對自己所從事職業的不尊重。我相信每個人身邊都有這樣的人，在取得一點小成績後，就開始變得不思進取了，常常是推著走、湊合過。這種狀態後患無窮。首先，這是一種對優越條件的享受，難聽點說就是坐享其成；其次，人一旦養成了這種得過且過的習慣，當這個狀態被打破時，就會變得十分脆弱，進而大大減弱在遭遇危機時的應對能力。

這種現象在國內一些企業中表現得最為明顯。過去，這些企業的創始人和元老不懈努力、刻苦奮鬥，把企業做起來了，甚至讓企業在國內國際都獲得了很好的聲譽。但是，當他們把這些做起來的企業交給下一代後，下一代卻失去了前進的方向和動力，整日坐享其成，沒有一點危機感，認為只要做好自己的本職工作就可以了，沒必要再去奮鬥了。

但是，我們也看到，隨著互聯網產業的飛速發展，傳統行業遭受了強烈衝擊，再加上近年來「黑天鵝」事件頻頻出現，比如二〇二〇年發生的新冠肺炎疫情就對國內外市場產生了巨大影響。這些不確定性因素讓一些傳統行業所謂的「功勞簿」瞬間變得一文不值，而躺在功勞簿上不思進取的人，也不得不重新認識自己的責任。

責任心是一個人從內心生發出的自覺性心態。當責任心放在學習上，我們就會成為一個認真學習的好學生；當責任心放在工作上，我們就能成為一個負責任、肯承擔的員工。可以說，責任心是一個承諾、一種約束、一股動力。

早在兩千多年以前，孟子在教育自己學生的時候，為了增加學生的責任心，就對學生們說：「我們離孔子的故居這麼近，有這麼好的條件，如果連我們都無法繼承聖人的思想與遺志，恐怕聖人的精神就很難繼承下去了。」

孟子當時所住的地方是今天的山東鄒城，而孔子的故鄉是大家都熟悉的山東曲阜，從今天的地圖上可以看到，兩地之間相隔只有二十多公里。即使是在古代交通不發達的情況下，哪怕步行前往孔子故鄉也用不了多久，算是非常近了。孟子當時也明白，這不但代表著他的學習環境是得天獨厚的，同時他也被賦予了強大的使命感，他有責任讓身邊更多的人肩負起學習的責任。所以，他才能成為繼孔子之後儒家的又一位集大成者。

想要繼承前人的成績是比較困難的，而要想將其發揚光大更是難上加難，這正是現在很多人知難而退的原因。

我看過一個關於植樹造林的故事，年輕一代的造林人邀請老一輩的造林人去參觀他們造林的成果。

在去往林場的路上，一個年輕的造林人就半開玩笑地對這些老前輩說：「那些容易植樹的地方，都被你們老幾位挑完了，給我們留下的都是那些比登天還難的難題呀！」

那些老前輩聽完年輕人的話並沒有生氣，因為他們知道，當年他們絞盡腦汁都解決不了的難題是什麼。所以，當年輕人說他們已經將這些難題都一一攻克的時候，幾位老前輩簡直不敢相信，連連點頭，表示後生可畏。

西班牙哲學家格拉西安在他的著作《智慧書》中寫道：「在當今世界，對付某一個人所花的精力物力要比過去對付整整一個民族所花的精力物力還要大。」這說明，我們現在要做好一件事，已經比以前難得多，這也需要我們為此付出更多的努力，承擔更大的責任。如果你經常認為自己現在做出點成績就很了不起了，從而消極懈怠，坐享其成，那會非常危險。我相信用不了多久，你就會被別人落在後面。孟子講的「生於憂患，死於安樂」說的就是這個道理。

所以，我們在做事時，不但自己要全力以赴，盡心盡責，還要督促和告誡身邊的人，不要做出點成績就沾沾自喜。相反，我們應該不斷挖掘自己的優勢和潛力，去把事情做得更好，去承擔更大的責任。這就好比我在創建樊登讀書之初向伙伴們提出的團隊使命一樣：「我們要幫助三億中國人養成讀書習慣。」話雖然很短，但是每當我想起這句話，都會感到任重而道遠，也不會再為眼前已經取得的成績而沾沾自喜。

曾子、子思同道。曾子，師也，父兄也；子思，臣也，微也。曾子、子思易地則皆然。

——《孟子．離婁下》

每個人都要清楚自己的職責

前幾年有個節目叫《見字如面》，有一期節目，演員何冰在現場讀了周傳基在二〇〇三年寫給時任北京電影學院院長張會軍的信。周傳基是中國著名電影教育家，陳凱歌、張藝謀等著名導演的老師。這封信裡面有一個段落讓我怎麼也忘不了：周傳基在信中提到，他給北影表演系的學生上過課，他在課上問道，如果他們的表演台詞觀眾聽不清，怎麼辦？所有學生的回答都是：「說得再大聲一點！」他三番五次提點，請學生們重新考慮，可就是沒有一個學生知道，聽不聽得見或聽得清不清楚，都與他們無關——那是錄音師的事情。

這封信有一個特別醒目的標題——「千萬別再找外行了」。在信中，周傳基毫不留情地把中國電影行業的現狀和未來闡述得鞭辟入裡：

……你也許記得，在朱辛莊時，謝飛導演反對設立表演系，我也反對，而且至今極力反對。你知道，有一些買賣人，想要染指電影教育，可他們懂什麼？他們的宗旨，是白紙黑字地要培養明星。我的媽呀！明星是炮製出來的，可他們居然要培養。而且一說到電影，他們的心目中就只有明星。一些普通影迷水平的傢伙，居然想染指電影教育事業。……你作為電影學院院長，你們的表演系，老師是怎麼教的？你們都教些什麼？你可以到校園的各個食堂餐廳去觀察觀察，看看那些表演系的學生和老師是怎麼吃飯的，你看看那個吃相，能當演員嗎？能教表演嗎？……再有，北京電影學院沒有剪輯系……

你曾跟我說過王副院長在巴黎開會的時候受到的刺激，全世界五十多個大電影學院的校長在場，聽說偌大一個北京電影學院沒有剪輯系倒有表演系，哄堂大笑。你想想看，國外哪個電影電視學校不是先有剪輯系，而且都是重點系。要知道，剪輯是電影課程當中的一個視聽思維訓練，語言訓練，結構訓練，本體訓練。……我豈能聽外行的呀！任外行人毀這批年輕人……千萬別再找外行了，那樣北京電影學院就真的永無出頭之日了！

讀完這封信，我就想到，假如做事時找了個外行來擔綱主要負責人的話，那該是一件多麼不幸的事。每每想到此處，我就會想起孟子關於曾子的評價。曾子在武城做客，敵人來了，他帶學生們走，臨走時對武城人說：「別讓人住我院子！」後來戰鬥結束了，曾子要回來，就託人告知武城人說：「把我的院子修好，我要回來了！」乍一看，你會感到，曾子這個行為，如何配為人師？作為賓客，賊寇來了你帶著弟子逃跑，還不讓別人進你院子，等賊寇走了，你要回來，又馬上號令別人修葺你的院牆，這有何師德可言？但你看完孟子的解釋之後，心中的疑惑就會立刻解開了。孟子闡述的其實是一個非常容易理解的事理：你是什麼樣的人，就該去做什麼樣的事。

曾子是客，敵人來了，你讓他跟你共同上陣殺敵，這不是鬧著玩嗎？到了戰場上，你是照顧他還是對抗敵人？同樣的道理，曾子是明白的。

敵人來了，作為客人，我不帶著門生走，難道等著給人家添亂嗎？曾子的職責是保護好他的學生，而不是替主家上陣打仗。論及身分，論及職責，曾子在別人的地盤上陣作戰，顯然是徹徹底底的外行。但子思不同，子思是一國人臣，就要盡到臣民的責任。同樣，如果是在曾子所處的國家，曾子就成了人臣，他熟悉本國的布防情況，擁有本國的人脈資源，也就理所當然地成了保家衛國的內行，因而「曾子、子思易地則皆然」。

同樣是球類競技體育運動，馬拉多納如果去搞籃球，還會成為球王嗎？

國內一些坐擁龐大資產的房地產頭部企業，跨行業以後，付出的代價還不夠慘痛嗎？

硬要讓公司裡的行政後勤人員去做銷售這樣的主營業務，能保證業績不下滑嗎？

讓大學歷史老師去教統計學，能保證學生學到知識、通過考試嗎？

……

然而如今的問題在於，人們都希望自己成為「複合型人才」，或者培養別人成為這樣的人才，做到效率最大化，進而有效減少成本，這是十分盲目且違反科學的。你要知道自己擅長做什麼，也要知道別人擅長做什麼，只有把每個人放在他最適合的位置上，才能讓事情的發展始終保持在正軌上，出了問題也才有可能在第一時間得到反饋和解決。

柳下惠不以三公易其介。

——《孟子．盡心上》

不依靠關係解決問題

有人認為，一個人真正成長的標誌就是要變得世故圓滑，學會妥協。他們認為，在做事過程中，人情才是基礎，因此不應該時時顯露自己的能力，讓自己過於鶴立雞群，顯得與人群格格不入，而是要學會更好地處理社會關係，與周圍人打成一片。

很多人在獲得權力、地位後就是如此，做人做事越來越圓滑世故，認為自己有錢有勢後，更應該跟人搞好關係，以和為貴，這樣以後才好辦事。於是，他們會花費大量的時間和精力去維護各種社會關係，認為這樣就能獲得更多機會，穩固自己的地位。更有一些企業老闆，在事業上獲得了一些成就、積累了一些資本以後，便逐漸摒棄管理，玩起了「帝王術」，以洞察人的心理活動為樂，以處理私人交情為主業，放棄正常的公司運營戰略，每天漫無目的地融資、喝茶、布局，然後美其名曰是在學習。

我認為這種行為完全沒必要。所謂的人情政治，在一定範圍內可能有效，但不管是想把事情做好，還是想把公司經營好，都需要不斷提升個人能力。但是，真正的個人能力並不是你展現出來的圓滑世故，或者和周圍人或團隊裡的人稱兄道弟，維繫感情。

我在《可複製的領導力》一書中就提到，不要把團隊視為家庭，因為家庭一般不會因為成員表現不好而懲罰對方，甚至與對方斷絕關係。每個家庭中都存在很多矛盾，但是這些矛盾再激烈，也不會影響到家庭成員之間的既定關係。

而周圍人和團隊則不同，大家都有自己的使命，你的任務，應該是和周圍人或團隊成員一起努力，共同完成你們的目標或工作任務。而為了達成這個目標，大家都要積極地參與其中，並且將那些不符合要求的成員剔除出去。如果你過於圓滑世故，誰都不想得罪，你們的團隊效率肯定會大大降低。

孟子曾經說過一句話：「柳下惠不以三公易其介。」意思是說，柳下惠不會因為自己做上了三公那樣的大官，就改變自己的品行和操守。

說起柳下惠這個人，大家應該不陌生，其中最著名的典故就是「柳下惠坐懷不亂」，但柳下惠的事跡可遠不止這些。柳下惠是春秋時期魯國人，曾經在魯國做士師，用現在的話說，就是一個法官。但是，他卻因為過於正直而在做官期間被三次罷免，繼而又被三次恢復官職。有人就為他打抱不平，對他說：「先生，您何必非要在魯國任職呢？魯公等人根本就不尊重您。您自己的國家容不下您，何必一定要做！以您的才華，到別的國家去肯定能獲得更好的職位。」

而柳下惠卻說：「一個人始終用正直之道來做官，並一直秉公辦案，終究是會讓有些人不滿、被這些人排擠的，所以去哪裡，我都有可能會被罷免。但是，要我不用正直之道來侍奉人，違背自己的操守去融入這些人，我又為什麼一定要離開故國家園呢？」

柳下惠的這種堅持操守的品德被後世廣為流傳，因此也贏得了孟子的讚譽。

孟子其實是想用柳下惠不論進退皆堅守自己操守的事例告訴我們，人可貴可賤、可富可窮，但是絕對不能越過「操守」這一底線。柳下惠身處三公這樣的高位，也只是把它看成是能服務和貢獻的崗位，而不是跟周圍人、跟屬下搞好關係的資本，更不會借此去盤剝、榨取別人。不論在何種情況下，做事都是出於公心，堅持自身的操守，這才是一個領導者該有的樣子。

這就為我們現在做事和解決問題提供了一個很好的參考，很多時候，我們與人共事時，就是為了完成一個共同的目標。而要實現這個目標，團隊中的每個人就應該優勢互補，分工協作，就像一支球隊一樣，有前鋒、有中場，還有守門員，分工不同，技能不同。這支球隊想贏球，除了個人技巧、明星發揮，更重要的就是團隊成員的互相配合，互相補防，最終才有可能贏球。如果團隊配合不行，即使隊長再厲害，跟隊員關係再好，也解決不了實際問題。

所以，想要高效地做事，就要學習柳下惠的這種境界，不要被各種所謂的社會潛規則所影響，知道自己身處什麼位置、該做什麼事，才是最重要的，這樣才更容易解決實際問題，實現目標。如果你能帶領一個團隊去不斷實現一個個目標的話，那麼團隊中的每個成員也都會從中獲得利益，由此大家也更願意與你團結互助。這種凝聚力，也一定比你世故圓滑地拉關係所產生的作用更明顯，也會更加牢固可靠。

人之有德慧術知者，恆存乎疢疾。獨孤臣孽子，其操心也危，其慮患也深，故達。

——《孟子．盡心上》

創新往往發生在「邊緣地帶」

我曾跟李善友教授討論過一個問題，就是他的著作《第二曲線創新》中的「第二曲線」理論到底是如何產生的？

李教授告訴我，他年輕時的夢想是當一名老師，但大學畢業後卻陰差陽錯地當了一名職業經理人，後來又自己出來創業。二〇一一年，他賣掉自己的創業公司，去中歐國際工商學院做了創業營教授，才算是實現了當老師的夢想。

當上老師後，李教授開始給企業家講創新課，但講了幾年後發現，只用案例教學是無法解決所有企業家的問題的。為了解決這個困惑，他又前往史丹佛大學做了一年的訪問學者，雖然困惑仍然沒有解決，但他找到了另一個窗口，就是研究和尋找企業發展與衰退的規律，第二曲線理論便應運而生了。

後來，我在講《創新者的窘境》這本書時，發現其中有個非常重要的原理，就是創新永遠都發生在邊緣地帶，而不是核心地帶。比如，顛覆汽車行業的不是傳統的福特、豐田，而是特斯拉；改變蘋果公司的也不是計算機，而是它的邊緣產品手機。

為什麼會這樣呢？

原因很簡單，創新需要有一個前提，就是資源不夠，有條件約束。因為資源、條件等限制，你做不成一件事，但又不得不去做時，才會積極地去尋找創新的路線，光從那些所謂的成功案例和成功產品中尋找創新途徑，是不可能真正實現創新的。

孟子曾說：「人之有德慧術知者，恆存乎疢疾。獨孤臣孽子，其操心也危，其慮患也深，故達。」意思是說，一個人能夠具備德行、智慧、謀略、見識，這些東西來自哪裡呢？來自憂患意識，這與孟子說的「天將降大任於是人也，必先苦其心志，勞其筋骨，餓其體膚，空乏其身，行拂亂其所為，所以動心忍性，增益其所不能」是一樣的道理。你走過很多彎路，犯過很多錯誤，經歷過很多痛苦，然後才能從中發現事物的真相，進而發現規律、掌握規律、利用規律，獲得「德慧術知」。

歷史上的那些「孤臣孽子」，通常都是被朝廷、家族邊緣化的人，生存環境異常艱難，為了應對來自外界的危險和挑戰，他們內心時刻都充滿了憂患意識，必須鍛鍊與眾不同的思維和異於常人的能力。但正因為如此，他們也更容易做出成就，創造歷史。

達文西是世界上最偉大的藝術家之一，被現代學者稱為「文藝復興時期最完美的代表」，但他的身世至今都是個謎。有史料記載，達文西的父親是一名公證人，十分富有，如果他長大後接父親的班，繼承父親的財產，也會成為一名富有的人。然而，達文西的母親是一名農婦，達文西是他父母的私生子，他的身分在當時就相當於一個「孽子」，是不被承認和重視的，因而他連真正意義上的姓都沒有，更別說受到系統的教育了，能活下來就不錯了。

但是，達文西後來說，自己這輩子最幸運的事就是沒有讀過書，沒有去學書本上的那套東西，而是保持著自由的天性，因而也成就了後來歷史上絕無僅有的全才。

反觀那些被皇帝、家族捧在手心的寵臣、驕子，比如和珅，還有我們曾學過的那篇〈傷仲永〉中的主角方仲永等，他們是沒有精力去做那些能夠在歷史上留下盛名、了不起的大事的。和珅每天想的都是怎麼讓皇帝高興，怎麼能讓自己多撈一些錢；方仲永因為一首詩成名後，每天被父親帶出去迎來送往，為有錢人寫詩，哪裡還會有精力去研究學術、詩文或做其他更有創造力、更有價值的事呢？

我們在平時做事也是一樣，如果所做的事情都一帆風順，我們的憂患意識就會喪失，也就不會再去考慮如何改革、如何創新等問題了。即使遇到點兒困難，也會利用現有資源很快搞定。但是，當我們真的遇到大難題，依靠現有資源搞不定時，再想去突破、去創新，可能已經錯過了最佳時機。而那些發展比較好的人或企業，比如華為，就非常具有憂患意識。早在二〇〇〇年時，華為總裁任正非就對員工發表了題為〈華為的冬天〉的演說，目的就是希望華為員工增強憂患意識，不斷提高創新能力。那一年，華為的銷售額為兩百二十億元，利潤達到二十九億元，位居全國電子產業百強之首。有人甚至認為任正非是在作秀，卻完全不理解一個企業家在經營企業時的深謀遠慮。

能夠把握興替之間的變革階段，能夠在最為繁盛的時候保持警惕，才是基業長青的秘訣所在。就像李善友教授在《第二曲線創新》中說的那樣：當企業或個人的市場增長開始放緩的時候，就應該開始考慮進行第二曲線的布局了。

企業發展需要領導者具備憂患意識，時刻保持警惕，時刻迎接創新的到來，個人也同樣如此。只有經歷一些磨礪，才會不斷突破自我，尋找到更好的成長和發展路徑。

我曾經採訪過鄧曉芒[3]教授，我問他：「您研究康德、黑格爾的哲學這麼厲害，您是什麼時候對哲學產生興趣的呢？」

他告訴我說：「我是在上山下鄉時開始接觸哲學的，為什麼會接觸哲學呢？因為那時實在沒什麼書可讀，只有一本恩格斯的《反杜林論》，每天從早到晚就只能翻閱這麼一本小書。但是，我反覆閱讀之後，卻發現越讀越有意思，越讀越喜歡，回城後，就專門朝著這個方向開始研究了。」

現在，鄧曉芒教授早已成為國內數一數二的哲學家，出版了大量的哲學論著。

你看，安逸的生活、充足的資源，很難讓一個人、一個企業真正實現突破。而不管是個人創作出偉大的作品，還是企業創造出偉大的成績，往往又會集中在那些看似沒什麼大發展的「邊緣地帶」。當然，前提是你真的能夠深謀遠慮，時常處於憂患之中，由此才能產生源源不斷的力量，發憤圖強，就像孟子說的那樣：「其操心也危，其慮患也深，故達。」

3 編註：華中科技大學哲學系教授，中國著名哲學家和美學家。

君子平其政，行辟人可也，焉得人人而濟之？故為政者，每人而悅之，日亦不足矣。

——《孟子．離婁下》

優先處理重要而不緊急的事

子產是春秋時期有名的賢相，曾擔任鄭國的執政。在他擔任執政期間，鄭國氣象一新，國泰民安，發展得很好，他本人也深受百姓愛戴。

鄭國境內有兩條河交匯，一條溱河，一條洧河，這兩條河可能都不深，但水漲之後，老百姓仍然過不去。子產看見了，就讓百姓坐在他的車子上，再把人一車一車地運過河去。

按說這是一件值得人們傳頌的好事，可孟子卻不這麼認為。孟子覺得，子產雖「惠」，是個賢人，但河上沒有橋是誰的責任？自然是子產的責任。他要做的，不是用自己的車去一車一車地渡人，而是直接在河上修一座橋，這才是他作為國家管理者應該做的事。相反，如果領導者個個都像子產這樣去討百姓歡心，讓百姓高興，幫百姓解決他們遇到的每一個小問題，那時間是根本不夠用的，問題也是解決不完的。

所以孟子認為，子產的行為看起來很親民、愛民，其實有作秀之嫌，不過做給別人看而已。真正明白事理的領導者，就不應該讓無橋渡河這樣的事情發生，而應該早早地把橋修好。

如果我們把這個問題延伸來思考，它所反映的恰恰是每個人如何做好自己本職工作的問題。現實中有很多人，在處理工作時習慣於事必躬親，什麼事都想自己上手，當然有時也並不像孟子說的那樣，是在刻意作秀，只是因為不會統籌安排自己的時間而已，弄不清到底哪些是自己這個職位或這個身分應該做的更重要的事。

我之前讀過史蒂芬．柯維的《與時間有約》這本書，它裡面提出了時間四象限的觀點，我十分認同。柯維認為，一個人在做事時，應該按事情的重要性和緊急程度劃分為四個象限，第一象限為既重要又緊急的事，第二象限是重要而不緊急的事，第三象限是不重要但很緊急的事，第四象限是既不重要又不緊急的事。

大部分人在做事時，都習慣先做第一象限和第三象限的事，也就是很緊急的事，不論這些事是不是真重要。但實際上，我們應該先做那些重要而不緊急的事。從成果角度來說，這樣的事才能為我們帶來更多的外部成果，是最值得做的，而且能避免後期很多緊急情況的出現。

對於子產來說，修橋、鋪路就是重要而不緊急的事。說它重要，是因為它可以解決老百姓渡河的問題；說它不緊急，是因為在河水沒漲之前，有足夠時間架橋。一旦河水漲起來，你就發現，不得了了，老百姓想過河過不去了，這時修橋就變成了一件既重要又緊急的事，處理起來必然會遇到更多的麻煩。

子產調動自己的車子幫百姓渡河，作為個體，他很有仁心，是個「好人」，但作為國家管理者，他的做法完全不值得提倡。就像孟子說的那樣，你在十一月時修一座能讓人走路的獨木橋，十二月時把這座獨木橋擴充成能走車的橋，也就是輿梁，問題就解決了，這不是比用自己的車子運百姓渡河更有效率嗎？

這是孟子的為政觀，也是現實生活中很多人在做事時應該借鑑的思想。現代管理學之父彼得．杜拉克就曾經說過，在管理者面前擺著許多需要做的事情，但管理者的時間有限，很多管理者習慣按壓力的輕重來決定事情的優先級，就像救火隊長一樣，被事情追著跑，結果常常把自己搞得心力交瘁不說，還必然會犧牲許多要務。相反，如果能經常把那些重要而不緊急的事情提前做好，你會發現，你的工作中可以減少很多需要臨時應對的緊急情況。

這又讓我想起了淳于髡和孟子的那段對話，淳于髡認為，「今天下溺矣」，孟子應該伸手援助。但孟子覺得，天下陷入困境，要用「道」去救援，他不可能用「手」去解決天下的所有問題。這也是孟子一直以來的思想學說人性之善也，猶水之就下也。

——《孟子・告子上》

不要去對抗人性

自古以來，人們就習慣於對人性進行各種各樣的假設。比如，孟子與告子就針對人性的問題展開過激烈的討論。告子認為，人性好比純天然的紅柳木，本身並沒有什麼用處，如果要將它們改造成為可以使用的杯子或者盤子，必須用斧子或刀子改變紅柳木本身的模樣才能實現。所以，告子的觀點就是人性如果不通過外力去改變，是很難發揮作用的。告子還提出，人性就如同水一樣，你在東面開一個缺口，水就會向東流，你在西邊開一個缺口，水就會向西流。所以，想讓人性發揮作用，就必須學會控制人性。

告子的觀點聽起來似乎很有道理，如今很多人也都秉持著這樣的觀點。他們認為，人的能力和個性都是後天培養出來的，就拿管教孩子來說，為了能讓孩子成人、成才，家長就必須花費很多心思去幫助孩子建立規則、養成習慣，有時甚至要制定很多條條框框來約束孩子。如果不用這些規則來對孩子進行硬性要求，孩子自己是很難主動學習、進步的，自然也很難成才。

但是，家長發現，即便自己為孩子付出很多心血，也依然有管教不好的地方。這時，家長就要訂立新的規則，甚至還要不斷跟孩子強調某些規則的重要性。

一次在火車上，我聽到一個像是媽媽的人給孩子打電話，意思是孩子在衛生習慣方面做得不太好，經常在家裡把東西到處扔，把家裡搞得亂七八糟，令她非常不滿。當時這位媽媽說了一句話，我記得很清楚，她說：我沒有給你定規矩，你就不知道怎麼做事了嗎？非要我一件事一件事地跟你講清楚，你才能去做嗎？孩子在電話裡一聲都不吭。

看似非常簡單的事，卻需要用規則去約束，好像人性不通過管理和約束去加以修正，就真的非常糟糕一樣。這樣看來，要約束和管理好人性還真是件任重而道遠的事。

但是，孟子卻對告子的觀點提出了質疑。孟子對於人性的解讀恰恰相反，他認為人性本善，如果要通過與人性做鬥爭才能夠讓人向善，那本身就是不善良的。對於告子將人性比喻成水，孟子也用一個非常精采的比喻加以反駁。他對告子說：「人性之善也，猶水之就下也。」人心向善，就如同水會遵照自然規律往下面流動一樣，而不是像告子說的那樣，叫它向東它就向東，叫它向西它就向西。比如說，你在河邊略高處挖一條河道，水是不會順著河道向上走的。所以孟子認為，每個人心中都有一桿秤，這桿秤就是讓人心向善的根本。

孟子的這個觀點後來又被王陽明所推崇，王陽明哲學理論中的「致良知」

就是以孟子的這個觀點為基礎的。他還曾經舉過一個例子，說如果一個盜賊當眾被別人說成是賊時，他一樣會生氣。這說明，他也知道做賊是一件不好的事情。

在生活中，我們同樣可以為孟子的觀點找到一些佐證。比如，一個人經常把自己的房間搞得很亂，他可能就會被別人認為比較邋遢。但是你發現，當家中要來重要客人時，他也會非常勤奮地把原本亂七八糟的屋子收拾得乾乾淨淨。這種現象說明，在他的心中是知道什麼是好、什麼是壞的，只需要一個簡單的理由，就能夠激發他的善念。

我們不能否認，人性中確實有一些負面的東西，比如貪婪、懶惰、自私等等，但要因此就說人性一無是處也有些偏激。在生活中，我們不可避免地要與人交往或一起做事，這時，我們要做的是去了解人性，而不是對抗人性。如果不能善於發現人性的優點，一味地去抵禦人性，是不能推動事情順利發展的。相反，如果我們多去了解人性，多看到人性中好的方面，並充分利用人性中好的一面去做事，你會發現，要把事情做好也沒那麼難。教育學中有個方法叫作「循循善誘」，這個「誘」字就說明人本身有善欲，只要你學會加以誘導，就可以導出人性的亮點，使學生們能夠主動地學習、進步，從而達到事半功倍的效果。我認為，這才是我們最應該學習的地方。

國家圖書館出版品預行編目資料

權變：通曉《孟子》成事法則，駕馭不確定的世界 / 樊登著. -- 初版.-- 臺北市：平安文化, 2024.6
面；公分. --（平安叢書；第800種）（致知；08）

ISBN 978-626-7397-45-9（平裝）

1.CST: 孟子 2.CST: 修身

121.26 113006733

平安叢書第 0800 種
致知 08

權變

通曉《孟子》成事法則，駕馭不確定的世界

《人生的底氣2》：文化部部版臺陸字第113045號；許可期間自113年3月21日起至117年3月29日止。

作　　者—樊　登
發 行 人—平　雲
出版發行—平安文化有限公司
台北市敦化北路 120 巷 50 號
電話◎ 02-27168888
郵撥帳號◎ 18420815 號
皇冠出版社（香港）有限公司
香港銅鑼灣道 180 號百樂商業中心
19 字樓 1903 室
電話◎ 2529-1778　傳真◎ 2527-0904
總 編 輯—許婷婷
執行主編—平　靜
責任編輯—陳思宇
美術設計—倪旻鋒、李偉涵
行銷企劃—謝乙甄
著作完成日期— 2023 年
初版一刷日期— 2024 年 6 月

法律顧問—王惠光律師

如有破損或裝訂錯誤，請寄回本社更換
讀者服務傳真專線◎ 02-27150507
電腦編號◎ 570008
ISBN ◎ 978-626-7397-45-9
Printed in Taiwan
本書定價◎新台幣 420 元 / 港幣 140 元